投資路上的沿途風光

越南

目錄

Chapter 1
布局北越搶占先機

Chapter 2
前進中越擴大利基

Chapter 3
深耕南越拓展商機

開箱閃耀新越南
用力玩、開心吃、安心投

　　《投資路上的沿途風光——越南》是中國信託投信出版的第二本越南專書。有朋友問我：為什麼連續二年出版越南專書？有必要為了喝牛奶而養一頭牛嗎？

　　朋友的意思是，鮮少有投資機構願意為了一個市場，投入資源耗費心力與金錢出版專門書籍，畢竟寫書、出書是個勞師動眾的苦差事，也沒有什麼利潤可圖，想讓投資人了解市場，辦幾場投資說明會、拍幾個影片講講不就好了，幹嘛如此大費周章？

　　不要單純為了一個目的／需求（喝牛奶）而投入過多的資源（養牛），這個道理我當然知道，但是為了越南，我不只願意養一頭牛，甚至樂於打造一座農場，透過一系列專書，讓國人更加了解越南。

　　為什麼？最主要原因在於，多數人只看到越南正處於黃金 10 年的大好機遇，無論經濟、產業、社會、文化、生活、

旅遊都產生質變，吸引國際企業進駐、國際資金流入，卻鮮少發現台灣是越南這黃金 10 年的親密夥伴，享受最多的越南升級紅利。

此話怎講？我想從二個面向來分享：

第一，就產業與投資面而言，越南與台灣的關係越來越密切。台灣 2023 年在越南的總投資金額達 28 億 8,382 萬美元，較 2022 年同期翻倍成長 113.36%，此現象在全球抗中、去中趨勢下將有增無減。目前台灣在投資越南的 105 個國家及地區中，位居第四大外資來源國，同時也是越南第五大貿易夥伴，台灣在幫助越南鞏固全球科技供應鏈重鎮之際，也同時受惠外資錢進越南帶動的經濟成長，助攻台灣上市櫃公司的全球布局與績效表現。

其次，就文化旅遊交流面而言，台灣躍居越南觀光客主要來源，同時也是越南民眾出國旅遊的熱門地點。根據越南觀光局今年上半年入境國家統計，台灣排名躍進成為第三名。越南吸引台灣觀光客的地方除了越南歷史文化、自然資源，還多了美食。最具指標性的美食指南書籍《米其林指南》，在 2023 年發布第一份越南《米其林指南》，為越南旅遊加分。於此同時，Google 越南 2023 年搜尋排行榜顯示，越南民眾最熱門的旅遊搜尋目的地是台灣。換句話說，台灣推升越南內需，也享有越南富起來的消費紅利。

台灣在越南經濟前進中扮演重要角色，也獲得極多越南紅利果實，越南無疑是值得大家深入認識的國家與市場，尤其富時指數已將越南列入觀察名單，明年上半年有望正式納入富時新興市場，世界銀行預估到 2030 年前將吸引 250 億美元的國際資金流入。這樣香甜可口的市場（牛奶），只養一頭牛未免可惜，弄個農場（連續出版專書）算是剛剛好而已。

看準越南的發展潛力，中國信託投信早在 2018 年就蹲點越南，一路見證越南的蛻變，在 2020 年 8 月推出台灣第一檔台幣計價的越南基金「中國信託越南機會基金」後，也在去年出版《璀璨越南——越南華麗大躍進，黃金 10 年大成長》專書。今年再出版《投資路上的沿途風光——越南》專書進行更細緻的介紹，針對北越、中越、南越的產業面、投資面、文化面、旅遊面、飲食面做全方位介紹，讓大家身歷其境、更貼近越南。

最後，誠摯希望本書能幫助大家在越南玩得盡興、吃得開心，同時投資順利荷包滿滿。

中國信託投信總經理

東南亞之虎
越南商機蓄勢待發

　　越南自 1975 年越戰結束、1986 年越南政府開始實施政治和經濟改革以來,整體朝向「社會主義計畫經濟」前進。如今,越南已從一個人均國內生產毛額(GDP)不過 200 美元的國家,到現在成為東南亞第五大經濟體,GDP 規模甚至超過馬來西亞,號稱「東南亞之虎」,而越南經濟重鎮胡志明市,也已成為一座高樓聳立的現代大都會。

　　近幾年來,因為美中地緣政治的因素,越南成為許多大廠兵家必爭的投資據點。從國家元首到企業領袖,國際大咖紛紛爭相訪問越南。越南到底有什麼魅力?透過中國信託投信對越南多年深耕與累積,讓投資人了解越南的吸引力,以及在經濟高速發展下的投資機會。

東南亞第五大經濟體，成為友岸外包熱點

　　根據國際貨幣基金（IMF）的數據，越南目前 GDP 已經達到 4,658 億美元，這樣的成績，讓越南躋身東南亞地區第五大經濟體，只落後印尼、泰國、菲律賓和新加坡，超越馬來西亞。展望 2024 年，越南的 GDP 成長率將達到 5.8%，預期比中國的成長速度還要更快；放眼新興市場整體平均的 4.2%，越南的經濟成長速度也是一枝獨秀。

　　自美中貿易戰後的地緣政治角力，加上新冠疫情導致供應鏈斷鏈，企業開始思考分散供應鏈。在這樣的情況下，越來越多外商尋找中國以外的第二製造基地，造就越南崛起成為閃亮新星。2023 年外資投資越南逐步回溫，全年越南外資註冊金額達 366 億美元，較前一年同期成長 27.8%；根據越南官方的數據，2024 年 1 月至 2 月外資直接投資金額達 42.9 億美元，較 2023 年同期大幅成長 38.6%。

　　為什麼外資如此看好越南？外資大幅流入，反映了越南被視為近年「友岸外包」（Friendshoring）的重要基地，不論是美國還是中國，都想拉攏越南。2023 年 9 月美國總統拜登（Joe Biden）出訪越南，強調越南是在「關鍵時間的關鍵夥伴」，而同年 12 月，中國國家主席習近平暌違 6 年後首次到訪越南，簽署了「全面戰略夥伴關係」。

在國際大廠紛紛赴越南卡位之際，台灣新南向投資也大爆發，2023 年總投資金額為 28.8 億美元，較 2022 年同期成長 113%，創下近 10 年的新高。其中，台灣電子六哥（鴻海、和碩、仁寶、緯創、廣達、英業達）均已進駐越南設廠，鴻海也在 2024 年宣布增資兩家越南子公司，總計投入新台幣294 億元。

參與區域經濟整合，與多國簽訂貿易協定

越南近年吸引大量外資關注，另一個原因就是越南積極簽署自由貿易協定（FTA），打通了貿易關節。越南是全世界參與 FTA 最多的國家之一，截至 2024 年 5 月，越南已簽署並實施 16 個 FTA，涵蓋範圍多達 60 國，其中較重要的是於2019 年簽訂的歐盟與越南自由貿易協定（EVFTA）和越南與歐盟投資保護協定（EVIPA）。

就戰略意義上來說，與歐盟簽訂的自由貿易協定，顯示越南在全球經濟體系中的地位日益提升，使越南成為歐盟在亞洲的重要夥伴之一。而這項協定，也是歐盟與亞洲第一個開發中國家簽署的協議。

除了歐洲之外，近年來，越南也積極與全球其他主要國家簽署並實施了多項自由貿易協定，開啟商機。以下兩個也是越南簽署的重要 FTA：

● **跨太平洋夥伴全面進步協定（CPTPP）**：越南是 CPTPP 的成員之一，該協定涵蓋包括澳洲、汶萊、加拿大、智利、日本、馬來西亞、墨西哥、紐西蘭、秘魯、新加坡及越南等 11 個國家，旨在促進貿易和投資。

● **區域全面經濟夥伴協定（RCEP）**：RCEP 是亞洲地區最大的 FTA，除了越南之外，還涵蓋泰國、新加坡、柬埔寨、汶萊、寮國及馬來西亞等 10 個東協國家與中國、日本、澳洲、紐西蘭及韓國等 15 個亞太國家。

除了上述的 FTA 之外，越南也是東協 10 國的成員國之一。除越南之外，東協成員包括印尼、寮國、汶萊、泰國、緬甸、菲律賓、柬埔寨、新加坡、馬來西亞等。

即使在東協中，越南也有其獨特的經濟地位和優勢。東協國家包括印尼、馬來西亞等，都是以天然資源取勝，跟南美洲的巴西類似，而泰國則是仰賴觀光資源。中國信託投信投資二部部長葉松炫分析，越南的經濟模式是「計畫經濟」，透過加工出口區大量集中勞動力，並且加速產業轉型升級。這也使得越南的經濟成長在東協國家中尤顯耀眼（詳見圖 1）。

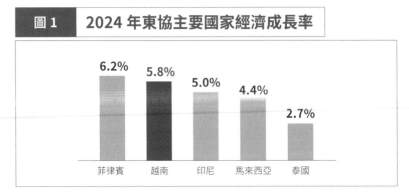

圖1　**2024 年東協主要國家經濟成長率**

6.2%　5.8%　5.0%　4.4%　2.7%

菲律賓　越南　印尼　馬來西亞　泰國

資料來源：國際貨幣基金（IMF），2024 年 4 月

經歷房地產泡沫化，新版土地法迎來曙光

有句話說，「股市是經濟的櫥窗」，對越南這樣的新興市場國家更是如此。股市起伏往往反映了經濟榮衰，越南股市近年表現如何？

越南胡志明證交所指數在 2022 年 4 月創下 1,500 點左右的高點之後，就一路下跌，跌幅最深的時候是在 2022 年 11 月，從高點下跌，跌幅超過三成之多；自 2022 年底之後，越南股市開始谷底反彈，但現在仍沒有超越前波高點。這波從 2022 年開始的越南股市修正，代表的是什麼呢？對越南經濟前景有何啟示？

葉松炫分析，2022 年越南股市修正，主要與越南房地產業的泡沫破裂息息相關。2022 年 3 月底，越南房地產開發集

團 FLC 董事長鄭文決（Trinh Van Quyet）因涉嫌操弄股價而被捕，揭開了一連串的房地產泡沫與相關企業倒閉，在越南政府 4 度降息應對後，2024 年已看到房地產的曙光。

越南國會於 2024 年 1 月通過延宕許久的《土地法》修正案，國有土地標售法制化，避免舞弊空間，該法將於 2025 年生效，這可以說是自 2022 年越南房地產市場進入修正以來，復甦的終極條件，有助土地價格趨於合理且加速土地開發審批。

新的《土地法》主要可以歸納為兩個重點：

● 每年度建立土地價格清單。頻繁調查將有助於土地價格接近合理市價，並且加速土地徵收與補償等活動的進行。

● 將規定土地價格決定方法和土地價格決定期限不得超過 180 天，後者有利開發商加速進程，改善過去無法算出土地使用費的冗長過程。

當體質屏弱的房地產企業被淘汰後，房地產復甦時，也會讓體質良好的企業，有機會有更好的表現。其中一個例子是越南著名房地產開發公司南龍集團（Nam Long Group），南龍成立於 1992 年，是越南前 10 大地產集團之一，除了許多開發項目均在主要城市如胡志明市和河內市的優越地段外，也和許多國際知名企業合作，包括西日本鐵道株式會社

（Nishi-Nippon Railroad Co），為其提供了豐厚的資金和技術支援。

推動基礎建設投資，帶動產業和消費升級

對越南這樣仍在高速成長中的國家來說，另一個值得注意的領域就是基礎建設。造橋鋪路能夠讓貨物流通，更可以幫助加速實現越南的製造升級，並帶動消費升級。

越南總理范明政（Phạm Minh Chính）於 2024 年 2 月就要求各單位加速 2024 年重點交通建設，並下達第一季落實努力至少 95% 資金撥付，集中力量推進南北高速公路等國家重要交通基礎建設。2024 年公共投資預算約 657 兆越盾，多數將用於投入交通基建項目，其中重點包括同登至茶嶺等 15 條高速公路，以及預計 2024 年完成的南北高速公路。范明政強調，「公共投資對引導和活化社會資源扮演重要角色，交通建設計畫將可以協助企業降低物流成本，也增加競爭力。」

在國家積極推動基礎建設投資下，有一家公司相當值得注意：港口營運商 Gemadept（簡稱 GMD）。成立於 1990 年的 GMD，於 1993 年正式民營化，目前是越南交易所上市公司，也是越南市值前 50 大的企業。GMD 在越南經營多個港口，包括南海定伍港、南定伍港、東干港、平陽港等；另外，GMD 也與法國集裝箱集團達飛海運集團（CMA Terminals）

合資建造目前越南規模最大、最深的深海集裝港 Gemalink Port。

在基礎建設外，越南近幾年的經濟發展也與金融業發展發展密不可分，其中最重要的就是越南外貿商銀（Vietcombank，簡稱 VCB）。葉松炫分析，越南外貿商銀可以說是越南經濟重要的幫浦和心臟，向各個產業輸送血液。越南外貿商銀成立於 1963 年，並於 2008 年上市，也是越南首批上市的商業銀行之一，透過提供企業貸款和金融服務，幫助眾多越南企業擴大生產、技術升級和市場拓展，從而促進工業和服務業的發展。

在基礎建設帶動製造、住房升級之外，另一個重點是消費升級。當人均所得提高後，醫療保健就成為消費中的重要一環。而龍州藥局（Long Châu Pharmacy）就是越南消費升級的代表。

龍州藥局成立於 2007 年，最初是一家單一的藥品零售店，專注於為當地社區提供藥品和醫療用品；到了 2010 年代中期開始快速擴張，逐漸在越南各大城市開設多家分店。2017 年，越南著名電子產品零售商 FPT Retail 購併龍州藥局，更進一步加速其擴張步伐；到 2023 年為止，龍州在越南總共有將近 1,500 家連鎖藥局，是越南規模最大者。

投資機會湧現，卡位越南消費市場

除了上述越南經濟發展所帶來的投資機會外，伴隨著越南消費升級，也值得台灣企業前進越南，鎖定其消費商機。中國信託亞太實質收息多重資產基金經理人林明輝指出，許多韓國企業都已經積極卡位越南消費市場，台灣廠商也可以參考仿效。

舉例來說，韓國零售與百貨巨頭樂天近幾年在中國受到阻礙之後，就積極轉往越南發展，2022 年在胡志明市投資 9 億美元（約合新台幣 270 億元）籌建綜合商場，新商場位於胡志明市的守添新都市區，劃在約 5 萬平方米的占地內，以地上 60 層的大樓為核心，建設大型購物中心、辦公樓和酒店等。

整體來說，越南近幾年實現的是基礎建設升級、製造升級帶來的消費與住房升級。在這個過程中，湧現巨大的投資機會。不論對擔心中美角力戰的台商，還是錯過中國過去快速成長機會的人來說，越南都是值得矚目的重要市場。

下一個世界工廠
越南崛起後勢看漲

　　東南亞第三大國越南地處中南半島東岸，東部瀕臨南中國海，勾勒出中南半島東部輪廓線；西部與寮國和柬埔寨相鄰，北部和中國廣西及雲南省接壤，南端與馬來西亞隔海相望。全國總面積為 33 萬 1,345 平方公里，為全球面積第 67 大國家，約為台灣的 9.3 倍，陸地邊界全長 3,818 公里，海岸線長 3,260 公里。

　　越南全境略呈狹長的 S 型，南北最長約 1,640 公里，東西最寬處在北部，約 600 公里，最窄處位在中部，僅 50 公里。越南的國土形狀常被形容為「一根扁擔挑著兩個籮筐」，扁擔代表從西北延伸至東南向的安南山脈，兩個籮筐是指南北兩個主要生產稻米的平原。

		一分鐘認識越南
人文	**國名**	越南社會主義共和國，通稱越南
	地理位置	中南半島東岸，北鄰中國，西接柬埔寨和寮國
	面積	33 萬 1,345 平方公里
	首都	河內
	官方語言	越南語
	與台灣時差	1 小時
	電話國碼	+84
	人口	1 億（2023 年）
	人口結構	0~14 歲：24% 15~64 歲：62% 65 歲及以上：14%（2023 年）
	15 歲以上勞動人口	5,240 萬人（2023 年）
經濟	**貨幣單位**	越南盾（VND）
	經濟成長率	2023 年 5.1% 2024 年估計 5.8%（國際貨幣基金預測）
	人均所得	4,316 美元（2023 年）
	失業率	2.3%（2023 年）
貿易	**主要港口**	北部：海防港、廣寧港／中部：峴港、歸仁港／南部：西貢港、丐梅港
	出口值	3,555 億美元（2023 年）
	前五大出口商品	電腦電子產品及零件、手機及零件、機械設備及零件、紡織品及成衣、鞋類（2023 年）
	前五大出口市場	美國、歐盟、中國、東協、韓國（2023 年）
	進口值	3,275 億美元（2023 年）
	前五大進口商品	電腦電子產品及零件、機械及零件、紡織品、鋼鐵、塑膠原料（2023 年）
	前五大進口來源	中國、韓國、東協、日本、歐盟（2023 年）
國際關係	**國際經濟組織會員**	聯合國、東南亞國協（ASEAN）、亞歐會議（ASEM）、亞太經濟合作會議（APEC）、世界貿易組織（WTO）

資料來源：越南統計總局、越南海關總局、國際貨幣基金，中國信託投信整理

越南不僅地理位置優越，又與全球第二大經濟體中國毗鄰而居，成為企業移轉供應鏈、降低對中國依賴最大受惠國之一。越南北部港口城市海防市距離中國製造重鎮深圳僅 865 公里，較曼谷（2,748 公里）、吉隆坡（3,023 公里）和雅加達（3,299 公里）更具地利之便，借助地理位置優勢，企業能將中國的生產作業轉移至越南，在降低製造成本的同時，還能減少供應鏈中斷和延誤的風險。此外，越南處於東南亞核心位置，與泰國、馬來西亞、印尼等東南亞主要國家往來便利，有利進出口貿易活動。

越南兩大穀倉：紅河與湄公河三角洲

越南地形多元，同時擁有熱帶雨林、沼澤濕地、肥沃的平原和綿長的海岸線，這片土地孕育的天然資源種類繁多，從森林、礦藏、能源，再到農產和水產，成為經濟發展重要底蘊。

全國總面積四分之三為丘陵、高原和山地，僅四分之一是平原，地勢西北高東南低。沿海地帶地勢平坦，北部和南部各有一個土壤肥沃、面積廣闊的平原：北部的紅河三角洲面積 2.13 萬平方公里，南部的湄公河三角洲面積達 4 萬平方公里，兩地的農業歷史悠久，是越南的兩大穀倉。

越南氣候樣貌多元，隨著海拔、緯度、季節不同而變

化。越南地處北迴歸線以南，屬於熱帶季風氣候，全年氣溫在 21℃ 至 27℃ 之間。北部四季分明，冬涼夏熱，每年 11 月至隔年 2 月稍有寒意，與台北相似，多數地區年平均氣溫在 23℃ 至 25℃ 之間。年雨量平均 1,500 公釐以上，濕度在 80% 左右，7 月至 10 月易有颱風和水災。

南部地區終年溫暖，與屏東和高雄相似，平均氣溫約 27℃ 以上。另氣候可分為乾季（10 月至次年 4 月）與雨季（5 月至 9 月）。

地理環境得天獨厚，礦產與能源資源豐富

得天獨厚的地理環境賦予越南豐富的自然資源，包括礦產、森林和能源資源。越南是東協最大的礦產國之一，以礦產資源多樣化而聞名，擁有 5,000 多座礦山，蘊藏 60 種不同類型的礦物，包括鋁土礦、鉻鐵礦、鈦礦、鐵礦石和稀土等。同時擁有大量的能源資源，石油、天然氣和煤炭，是越南經濟發展所需的重要天然資源。此外，越南河川網絡綿密，全國大小河流多達 2,860 條，長度總計 4.1 萬公里，讓水力發電成為主要能源之一。

越南境內多高山丘陵，擁有茂密且廣闊的原始森林，林業資源有木材、橡膠、藤、竹等。越南盛產珍貴的紅木，主要用作家具製造和工藝品。根據越南農業和農村發展部統計，

2023 年全國森林面積達 1,486 萬公頃，其中天然林占 1,013 公頃，人工林將近 473 萬公頃，全國森林覆蓋率達 42%，為木材加工業提供超過 2,000 萬立方公尺的原料，森林資源集中在中部和北部地區。

勞動人口充足，最低工資極具競爭力

越南勞動力充足又便宜，2023 年人口數突破 1 億人，為東南亞人口第三大國家，僅次於印尼與菲律賓，在全球排名第 15 名。

根據越南統計總局公布的數據顯示，截至 2023 年底，越南總人口達到 1.003 億，較 2022 年底增加 83.5 萬人，人口成長率為 0.84%。男女人口比率相當平衡，男性 5,000 萬人，占整體比率為 49.9%；女性 5,030 萬人，占 50.1%。此外，越南人民教育程度高，15 歲以上男性人口的識字率達 97%，女性為 95%，為全球識字率最高的國家之一。

全國 15 歲以上的勞動力為 5,240 萬人，為近 5 年來最高，比 2022 年增加 66.6 萬人（詳見圖 1），占全國人口的 52.2%。這些數字代表越南低成本的勞動人口充足，對於尋求降低製造成本的外國企業極具吸引力。不過大部分的勞工居住在農村地區，占勞動力人口的 37.3%，而農村人口比重達 62.7%，也就是說，越南雖然勞動力充足，但勞工可能不是位

在市場需要的地方，外國企業需要提供一些誘因，例如勞工宿舍和餐廳、更高的工資或加班費等福利，讓農村地區的勞工搬遷到越南的製造中心。

圖1　越南勞動人口

（單位：萬人）

2019	2020	2021	2022	2023（年）
5,170	5,130	5,050	5,170	5,240

資料來源：越南統計總局

圖2　東協國家平均月薪資比較

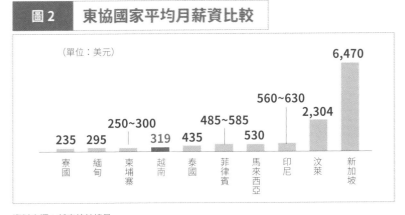

（單位：美元）

寮國	緬甸	柬埔寨	越南	泰國	菲律賓	馬來西亞	印尼	汶萊	新加坡
235	295	250~300	319	435	485~585	530	560~630	2,304	6,470

資料來源：越南統計總局

　　至於勞工成本，越南最低工資標準也是東協最低的國家之一，實際平均月薪約 300 多美元，大幅低於泰國、菲律賓、馬來西亞和印尼，僅略高於寮國、緬甸和柬埔寨（詳見圖 2）。

　　自 2024 年 7 月 1 日起，越南最低工資調漲 6%，依地區劃分為 4 級，最低月薪分別是 496 萬盾、441 萬盾、386 萬盾、345 萬盾，依匯率 1 美元兌換 25,000 盾換算，最低月薪分別為 198.4 美元、176.4 美元、154.4 美元、138 美元。與東協其他國家相比，馬來西亞最低工資為 275 美元、泰國 292.9美元、印尼 307.3 美元、菲律賓 308.2 美元，越南最低工資極具競爭力。

重點經濟區表現優異，GRDP 成長優於全國

　　越南全國劃分為 8 個地區，由北至南依序為東北、西北、紅河三角洲、北中部、南中部、西原、東南部和湄公河三角洲。其中一級行政區包括 58 個省和 5 個直轄市。北越由東北、西北和紅河三角洲組成，中越包含中北部、中南部沿海地區和西原，南越涵蓋東南部和湄公河三角洲（詳見圖 3）。

　　越南政府在北部、中部、南部和湄公河三角洲分別設置一個重點經濟區，包含 24 個省市，每個重點經濟區皆對越南的經濟成長和發展發揮了舉足輕重的作用，北部和南部重點經濟區對越南國內生產毛額（GDP）、外國直接投資（FDI）

和進出口額的貢獻度最大。2022 年 4 個重點經濟區的地區生產總值（GRDP）表現優異，皆高於國家整體 GDP。除了經濟發展之外，南北兩個重點經濟區也在貿易、文化、高素質人力資源培訓、醫療和科學等方面引領全國。

圖3　越南八大地區

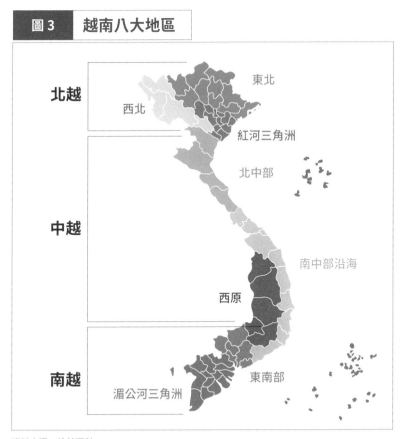

資料來源：維基百科

越南身為區域製造中心，經濟倚重貿易，內需也給予經濟有力支撐，GDP 繼 2022 年強勁擴張 8.02% 後，2023 年因為全球需求疲弱導致出口放緩，以及政府打擊貪腐造成住宅房地產開發及買賣停滯，經濟成長率放緩至 5.1%。

以產業結構來看，服務業是越南 2023 年經濟成長的主要引擎，對全國經濟成長的貢獻率達 48.4%，工業和建築業的貢獻率為 39.7%，農林漁業占 11.9%。2023 年出口額較前一年減少 4.4%，降至 3,555 億美元，其中外匯收入的最大推手智慧型手機出貨量下降 8.3%。

展望 2024 年與 2025 年，隨著外貿逐步回復穩定，有利提振製造業活動、跨國企業持續將製造工作遷往越南，以及家庭收入增加將帶動消費者支出，國際貨幣基金（IMF）預期越南 2024 年 GDP 將成長 5.8%，2025 年再加速至 6.5%，成長率將超越印尼、馬來西亞和泰國等東協國家（詳見表 1）。

租稅優惠吸引外資，打造經商友善環境

越南政府一直積極吸引外國投資，打造經商友善環境，提供較其他東協國家更有競爭力賦稅架構，並建立經濟特區，協助外國企業在越南開拓業務。越南營所稅（CIT）標準稅率為 20%，低於馬來西亞的 24%、印尼的 25% 和菲律賓的 30%。

越南政府亦提供個別地區和產業租稅優惠。以地區而言，

表 1	越南與東協鄰國經濟成長率			（單位：%）
國家	2022 年	2023 年	2024 年（預測）	2025 年（預測）
越南	8.0	5.1	5.8	6.5
印尼	5.3	5.0	5.0	5.1
馬來西亞	8.7	3.7	4.4	4.4
菲律賓	7.6	5.6	6.2	6.2
柬埔寨	5.1	5.0	6.0	6.1
寮國	2.3	3.7	4.0	4.0
泰國	2.5	1.9	2.7	2.9
新加坡	3.8	1.1	2.1	2.3
汶萊	-1.6	1.4	2.4	2.5
緬甸	-4.0	2.5	1.5	2.0

資料來源：國際貨幣基金（IMF），中國信託投信整理

表 2	越南租稅優惠
營利事業所得稅標準	20%
個別地區賦稅優惠	經濟弱勢地區： ・前 10 年適用營所稅率 17% ・前 2 年應納稅額獲得免除 ・接下來 4 年應納稅額獲得減半 經濟特別弱勢地區： ・前 15 年適用營所稅率 10% ・前 4 年應納稅額獲得免除 ・接下來 9 年應納稅額獲得減半
個別行業賦稅優惠	高科技行業： ・前 15 年適用營所稅率 10% ・前 4 年應納稅額獲得免除 ・接下來 9 年應納稅額獲得減半 農業：於企業存續期間，來自畜牧、農產品加工、栽種、養殖的營收獲利，都適用營所稅率 15%

資料來源：中國信託投信整理

距離河內市、胡志明市較遠的偏遠地區，被政府歸類為需要扶持的經濟弱勢地區，在這些地區設立企業可享有租稅的優惠。舉例來說，經濟弱勢地區前 10 年營所稅率為 17%，不僅前 2 年的應納稅額可以免除，接下來 4 年的應納稅額還能減半。而經濟特別弱勢地區，前 15 年的營所稅率僅 10%，前 4 年應納稅額免繳，接下來 9 年應納稅額減半。

至於個別行業，高科技行業前 15 年營所稅率為 10%，前 4 年應納稅額免繳，接下來 9 年的應納稅額則可減半（詳見表 2）。

洽簽自由貿易協定，帶動外資顯著成長

越南廣泛簽訂各項自由貿易協定（FTA），幾乎成為東南亞最開放的經濟體。越南是唯一與美國、日本、中國、歐盟、韓國及英國等全球主要經貿夥伴簽署自由貿易協定的國家。

截至 2024 年 5 月止，越南已生效的自由貿易協定達 16 個，從東協自由貿易協定（AFTA）、越歐自由貿易協定（EVFTA），再到跨太平洋夥伴關係協定（CPTPP）和區域全面經濟夥伴協定（RCEP），吸引外資不斷流入。

越南將自身定位為企業製造基地多元化的絕佳選擇，努力吸引外國直接投資（FDI），流入越南的 FDI 金額顯著成長（詳見圖 4），特別是來自尋求去風險的中國和跨國企業，突顯越南在國際商業版圖的重要性日益提升。

根據越南計畫投資部外國投資局（FIA）數據顯示，2023年越南核准的外國直接投資註冊總金額為 366 億美元，比 2022 年增加 32.1%，其中又以製造與加工產業吸金力最強，投資額達 235 億美元，占整體比重超過六成（詳見圖 5）。

圖4　越南 FDI 核准註冊總額

資料來源：越南統計總局、FiinGroup，中國信託投信整理

圖5　越南 FDI 行業別

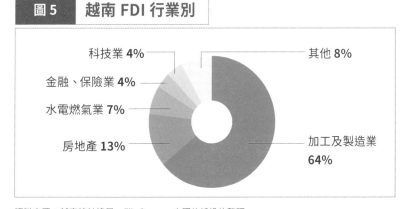

資料來源：越南統計總局、FiinGroup，中國信託投信整理

★ 邊玩邊投資 亮點搶先看 ★

北越在地理位置上靠近中國，

產業聚落能與中國的廠區整合，

有著「中國+1」的優勢。

北越擁有豐富的歷史遺產，

自然景觀更是許多好萊塢電影的取景地，

讓北越成為文化與工業兼容並蓄的魅力國度，

無論什麼時候造訪，

都能感受到不同風貌。

Chapter 1
布局北越搶占先機

North Vietnam

傳統與現代兼容並蓄
中西融合神祕國度

　　曾經有人這麼比喻：如果南越是穿著洋裝的少女，那麼北越更像是傳統的古典美人。南越與北越各有各的美，會有這樣的差異，主要來自於地理位置的不同，相較於南越，接近中國內陸的北越在經濟發展與文化底蘊上受到中國的影響，於是有著「東方古典美人」的美譽。

　　然而，近年來隨著產業快速發展及科技聚落的成形，北越因擁有世界儲量第二的稀土珍貴資源，讓這位東方古典美人炙手可熱，成為大國爭相拉攏的對象。

　　位於北越的首都河內，近年成為主要國家元首造訪的首選之地，在國際舞台的能見度大為提升。例如 2016 年 5 月，美國前總統歐巴馬（Barack Obama）和已故知名美食節目主持

人安東尼波登（Anthony Bourdain）造訪河內一家在地餐廳享用庶民美食，在越戰結束41年後，這場「河粉外交」備受矚目。

到底，北越有什麼樣的魅力，吸引全球主要國家爭相與之合作？在這些競爭者當中，台灣又有什麼樣的優勢或機會點，能擄獲這位東方古典美人的青睞？想要知道答案，就從了解北越的歷史與文化，以及經濟發展的脈絡開始。

中歐文化混合，既傳統又現代

北越緊鄰中國西南方，曾多次受到中國的統治，尤其是在漢朝和唐朝時期，因此北越有許多文化與華人相近。至 19

鎮國寺（來源：Shutterstock）

世紀中葉，法國殖民者開始進入越南，北越在此期間受到了法國殖民統治的影響，中歐文化混合，因此首都河內和南越胡志明市皆有「東方小巴黎」的稱號。

中秋節紙燈籠（來源：Shutterstock）

在北越地區，可以欣賞到越南當地豐富且悠久的歷史文化，眾多的歷史遺跡和景點，其中包括許多古老的寺廟、古城堡和遺址，這裡的人們信奉佛教和道教，鎮國寺是河內最古老的寺廟，已有 1,500 多年的歷史，興建於西元 6 世紀的李南帝（西元 541 年至 547 年）統治時期，傳說這裡有著一棵分枝自印度釋迦牟尼佛禪坐成道的菩提樹，吸引信徒們爭相前往。

此外，北越地區的民間傳統文化也非常豐富，這裡有著許多傳統節日和慶典，如越南農曆新年、中秋節等。在越南，農曆新年通常會持續 3 天，和台灣習俗一樣，家家戶戶會說吉祥話，招待前來拜年的親友。中秋節固定在農曆 8 月 15 日，一邊品嚐月餅、一邊欣賞高掛的紙燈籠；如果在中秋節前造訪北越，可以到還劍區坑馬街，商家會販售秋節相關的玩具及裝飾，，五彩繽紛的燈籠妝點著街頭，熱鬧非凡。

朝都市化發展，人口成長迅速

從人口組成來看，北越山區有不少少數民族，如岱依族、芒族、傣族、儂族，中越西原有嘉萊族、埃地族等，與南越較多的高棉族、華族、占族的文化有著明顯差異。不過，在越南加入世界貿易組織（WTO）後積極強化都市化發展，吸引外資進入越南大城市投入基礎建設、人力資源及行政改革等，同時也吸引許多農村人口湧向河內等大城市發展。

北越少數民族（來源：Shutterstock）

河內昇龍皇城（來源：Shutterstock）

根據越南官方資料，從 2010 年到 2020 年間，越南的都市化發展快速，其中城市人口密度高度集中在首都河內和南越胡志明市，人口規模接近千萬等級；北越人口次多的城市為海防市的 200 萬人口，隨著工業及科技聚落的發展，人口成長更為迅速。

河內為越南第二大城市（僅次於胡志明市），擁有 1,000 多年悠久歷史和豐富的文化遺產，市區歷史文物豐富，名勝古蹟遍布，可欣賞法式風情殖民建築及現代建築，同時也是越南發展工業重鎮及文化中心。

此外，擁有豐富自然景觀的下龍灣是北越著名景點，搭上遊船即可將美景盡收眼底，一邊欣賞 1,600 多座的石灰島嶼及天然岩洞；和下龍灣一樣靠近海岸線的海防市則是北越著名的濱海旅遊及港口城市，也是越南第三大城市、北部第二大工業中心，擁有現代化的港口和設施。

產業聚落成形，躍居「中國 +1」熱區

便利的地理位置和豐富的資源，讓北越躍升為越南重要的國際貿易基地之一，主要出口產品包括製造業產品、農漁產品等，與中國、美國和歐盟等國家及地區的貿易往來頻繁。

北越在地理位置上因為靠近中國，在歷史發展與文化底蘊與中國相近，產業聚落因能跟中國的廠區整合，逐漸形成產業分工，因而有著「中國 +1」的優勢。再加上北越擁有豐富的自然資源和勞動人口，為其經濟發展提供了有利條件，使得北越的重要城市在過去幾十年間有著顯著的進步。

不只台灣電子五哥（廣達、緯創、和碩、仁寶、英業達）等台商們搶著插旗北越，其他包括中國蘋果（Apple）供應鏈

大廠立訊，以及越南最大外資企業三星（Samsung）也在河內斥資 2.2 億美元打造全新研發中心，美國封裝大廠艾克爾（Amkor）也宣告投資 16 億美元，要在河內附近的北寧省建造半導體封裝廠。

　　電子製造大廠在北越遍地開花，更加速北越工業化的進程。外資不斷投入，科技大廠進駐，讓北越成為文化與工業兼容並蓄的魅力國度，無論什麼時候造訪，都能感受到不同的風貌。

海防市（來源：Shutterstock）

「中國 +1」策略效應
外資搶進前景可期

　　北越由東北部和西北部的山地,以及肥沃的紅河三角洲組成。行政區包含東北、西北和紅河三角洲地區,由 23 個省和 2 個直轄市構成,紅河三角洲涵蓋越南 8 個面積較小但人口稠密的省分(北寧省、河南省、海陽省、興安省、南定省、寧平省、太平省和永福省),以及首都河內和海防直轄市。

　　河內位於紅河三角洲中部,為全國的政治、經濟和文化中心,是僅次於胡志明市的越南第二大城市。河內交通便利,有水陸、鐵路、公路和航空通往全國主要城市。海防為越南第三大城市和北部的第二大工業中心,擁有北越最大的港口。

　　紅河是越南北部最大的河流,全長 1,280 公里,發源於中國雲南,越南境內部分長 508 公里。紅河流域多為紅色沙

頁岩地層，河水呈紅色，故被稱為「紅河」。紅河三角洲又稱紅河平原，大部分是肥沃的沖積土，許多土地已開發為農田，是越南的主要稻米產區之一。

東北地區包括紅河三角洲以北的 9 個省分（北江省、北洴省、高平省、河江省、諒山省、富壽省、廣寧省、太原省和宣光省），當中不少省分位處山區，鄰海省分廣寧省的下龍灣被聯合國教科文組織列為世界遺產，為越南的熱門旅遊景點。

西北地區包含 6 個內陸省分（奠邊省、和平省、萊州省、老街省、山羅省和安沛省），其中 2 個省分與寮國接壤，一個與中國接壤。西北地區有高聳的山脈和茂密的森林，番西邦峰（Fansipan）是越南最高峰，海拔 3,143 公尺。

稀土藏量豐富，產量仍待開發

北越擁有豐富的礦產和金屬資源，其中最重要的當屬被稱為「21 世紀的科技金屬」的稀土（REE），越南擁有全球第二高的稀土藏量，約達 3,000 萬噸，僅次於中國的 3,600 萬噸，但只有 270 萬噸經過評估調查，還有 1,800 萬噸待評估。越南的稀土資源主要集中在西北地區，萊州省、安沛省和老街省是目前已知稀土分布的主要省分。

稀土是生產電動車和風力渦輪機等產品的關鍵原料，雖然越南擁有豐富的稀土資源，但由於缺乏先進加工技術，開

採量持續萎縮。根據美國地質調查局（USGS）數據，越南 2023 年的稀土產量僅 600 噸，較前一年減少 50%。相較之下，中國年產量為 24 萬噸。

磷灰石用於化肥生產，目前已探明的磷灰石礦山及礦點共有 17 處，主要集中在老街省。大多數磷灰石礦的規模為中型到大型，深度負 900 公尺磷灰石的儲量估計達 23.7 億噸。

越南的煤炭主要分布在東北煤盆地和紅河煤盆地，資源類型包括無煙煤、亞煙煤和褐煤等。無煙煤是越南最珍貴的煤礦資產，以廣寧省與太原省為主要產地，而廣寧省的煤炭盆地規模又更可觀，儲量超過 30 億噸。廣寧煤炭盆地開發已有百年歷史，有效滿足國內和出口需求。

越南有 29 個省分擁有生產水泥、工業石灰所需的石灰石，主要集中在北部地區，包括寧平省、高平省、宣光省、河江省和山羅省，中部清化省和義安省也有石灰石礦藏，總儲量估計約 80 億噸。

森林資源方面，北越東北部和西北部地區的森林面積為全國第二大，合計 581 萬公頃，森林覆蓋率達 54.1%；山羅省是越南森林面積第三大的省分，達 67.7 公頃。以森林覆蓋率來看，北泮省為全國覆蓋率最高的省分，達 73%；宣光省的森林覆蓋率名列全國第三，達 65%；地勢平坦的紅河三角洲森林面積和森林覆蓋率相對較小（詳見表 1）。

表1　北越森林資源面積和覆蓋率

省／市	天然林 (公頃)	人工林 (公頃)	總計 (公頃)	森林覆蓋率 (%)
山羅	593,269	83,621	676,890	47.50
諒山	257,194	320,828	578,021	64.00
萊州	454,497	28,650	483,148	52.35
河江	387,357	90,430	477,787	58.90
安沛	217,358	245,178	462,536	63.00
宣光	233,055	193,656	426,710	65.18
奠邊府	413,420	9,709	423,129	44.01
老街	258,233	132,882	391,115	58.50
北泮	271,805	102,222	374,027	73.38
廣寧	123,730	248,224	371,954	55.00
高平	345,709	23,201	368,910	54.06
和平	141,614	123,145	264,759	51.61
太原	62,439	120,574	183,013	47.08
富壽	47,388	121,035	168,423	39.70
北江	55,044	106,133	161,177	37.80
永福	12,049	21,382	33,431	25.00
寧平	23,143	4,869	28,012	19.62
河內市	7,593	11,920	19,513	5.57
海防市	9,063	4,742	13,806	8.67
海陽	2,241	7,009	9,250	5.31
河南	4,291	1,119	5,410	6.26
太平	-	4,216	4,216	2.47
南定	114	3,145	3,259	1.87
北寧	-	556	556	0.68

註：藍色框部分為紅河三角洲

資料來源：越南農業和農村發展部

設重點經濟區，帶動地區發展

　　北越所屬的北部重點經濟區在 1997 年成立，包括河內市、海防市、廣寧省，興安省和海陽省，2004 年又增加了永福省和北寧省。北部重點經濟區被視為是全國政治、經濟、文化和科技中樞，集合了中央機構、主要經濟組織和培訓中心。這個重要區塊是推動北越經濟發展的火車頭，河內、海防、廣寧構成北部重點經濟區的發展金三角，並產生外溢效應，帶動其他地區發展。

　　北部重點經濟區 2022 年的地區生產總值（GRDP）成長率達 9.63%，在四大重點經濟區名列第二，僅次於南部重點經濟區的 10.43%。在 2017 年至 2021 年間，北部重點經濟區的 GRDP 成長率一直維持領先優勢，南方重點經濟區排名第二，成長率為 4.2%。

　　河內對北部重點經濟區 2022 年 GRDP 的貢獻程度最大，比重高達 47.22%，為海防市的四倍。河內 2022 年的 GRDP 成長率達到 8.89%，超越國家整體經濟表現，越南 2022 年國內生產毛額（GDP）為 8.02%。

　　越南政府將北部重點經濟區的發展方向訂為建置高素質人力資源培訓中心、發展高新科技產業及高技術服務業、金融銀行業務、專業醫療和配套產業。

廣建工業區，轉型工業化國家

依據國家發展計畫，越南逐漸由農業轉型至工業化國家，為了盡快達成目標，越南政府在全國規劃了 563 個工業園區（詳見圖 1），截至 2023 年，已經成立了 397 個工業區，其中大多設於重點經濟區域之內。在已成立的工業區中，有 292 個已經開始運作，總面積達 8.71 萬公頃，進駐率超過 80%。

北越的工業區主要集中在北寧省、海陽省、興安省、永福省等河內市周圍省分，鄰海的海防市和廣寧省是越南北部工業區的核心。

北越與中國接壤，鄰近中國珠江三角洲，最適合作為製造商轉移供應鏈「中國 +1」（China plus one）策略的樞紐，地理位置優勢方便在中國工廠之間運輸零組件，有效降低供應鏈中斷和延誤風險。

北越的工業市場建立時間雖然晚於南越，但北部的工業省分對先進高新技術產業有著極大的吸引力，主要發展電子、電腦、機器和設備、汽車、手機和紡織產業（詳見圖 2）。根據戴德梁行（Cushman & Wakefield）研究資料顯示，2022 年北部工業園區土地平均租金為每平方公尺 109 美元，河內的工業用地平均租金為北越最高，達每平方公尺 140 美元。

圖1　北越工業區分布

- ● 超過 30 個工業園區
- ● 20 至 29 個工業園區
- ● 10 至 19 個工業園區
- ● 0 至 9 個工業園區

資料來源：Cushman & Wakefield

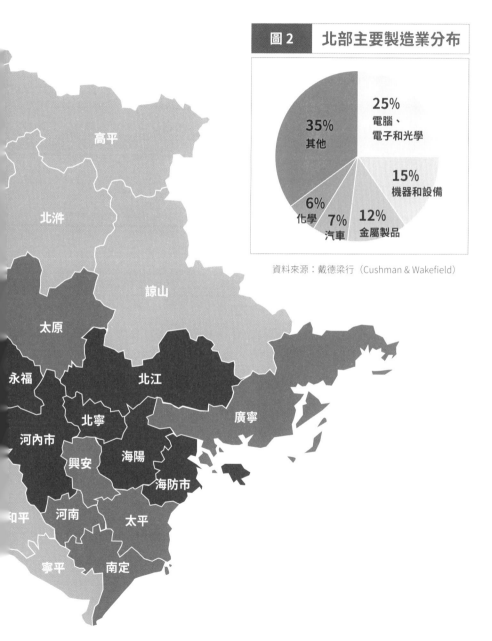

圖 2　北部主要製造業分布

25%
電腦、
電子和光學

35%
其他

15%
機器和設備

6%
化學

7%
汽車

12%
金屬製品

資料來源：戴德梁行（Cushman & Wakefield）

高平

北泮

諒山

太原

永福

北江

北寧

廣寧

河內市

興安

海陽

海防市

和平

河南

太平

寧平

南定

國際大廠進駐，發展類型多元

● 電子產業

　　北部是越南電子產業的發展重鎮，北越鄰近中國的地理優勢，有利低價零件和原物料進口，多年來吸引眾多外國高科技企業進駐（詳見圖3），例如韓國三星電子（Samsung Electronics）與樂金電子（LG Electronics），台廠則有鴻海、和碩和緯創等，日廠包括佳能（Canon）與京瓷（Kyocera），就連中企也在北越布局，像是立訊精密和歌爾聲學，逐漸形成了電子、零組件供應鏈。

　　韓國三星電子自2013年赴太原省設廠，10年來在太原共投資75億美元，是該地區最大的外資企業；前進北越的韓廠還有樂金電子，在海防市追加投資並新建LCD螢幕安裝廠。台廠鴻海以北江周邊為大本營，緯創與佳世達落腳河南省，和碩及瑞軒選擇進駐海防。隨著企業逐漸進駐，供應鏈日益多元化，鴻海集團旗下富聯精密電子2023年在北江省光州工業園區租用45公頃土地，租期至2057年2月，為蘋果組裝iPad與AirPods。

● 半導體產業

　　越南半導體產業持續成長，吸引美國、韓國、日本和歐洲等國家的半導體大廠前來投資，包括英特爾（Intel）、艾克爾（Amkor）、邁威爾（Marvell）、高通（Qualcomm）

和新思科技（Synopsys）在內的美商，以及德國英飛凌（Infineon）、三星供應商 Hana Micron 和日廠瑞薩電子（Renesas）等企業紛紛到越南設廠。

輝達執行長黃仁勳 2023 年 12 月首次訪問越南時即表示，有意擴大與越南科技業合作，包含越南軍用電子電信集團（Viettel）、越南科技公司 FPT、越南最大民營企業 VinGroup 和越南網路公司 VNG，都是輝達希望擴展合作關係的夥伴。

越南的強項是在半導體供應鏈下游的組裝、測試和封裝（ATP），已成為全球晶片廠商的封裝重鎮。半導體封測大廠艾克爾在北寧省安豐工業園區的新封裝廠於 2023 年 10 月落成，越南廠是艾克爾的第二大工廠，僅次於韓國廠，占地 23 公頃，總投資額 16 億美元。韓廠 Hana Micron 在北江省雲中工業區的第二座封測廠同年 9 月投產，主要客戶為三星和 SK 海力士（SK Hynix）。英飛凌在河內的晶片研發中心 2023 年正式啟用，並規劃逐漸擴充在越南的人力，專注邏輯 IC、類比 IC 的測試和客製化服務。

● 汽車產業

北越與南越皆有汽車及零組件製造產業聚落，有別於南越的汽車聚落多集中在同奈省和平陽省，北越則較為分散，分布在河內市、海防市、永福省及海陽省。越南本土電動車

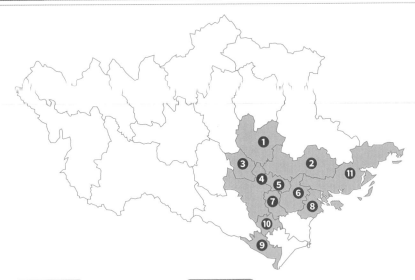

圖3　北越電子製造產業聚落

1. 太原

品牌廠	（韓）三星電子
EMS	（中）光弘科技
零組件	（韓）三星電機、韓國端子工業

2. 北江

EMS	（台）鴻海
零組件	（台）鴻騰六零八八、環科、訊芯 （中）立訊精密、德賽電池 （日）Hosiden （韓）Si Flex

3. 永福

EMS	（台）鴻海、仁寶、智易、智邦
零組件	（中）瑞聲科技 （韓）BH Flex、CammSys、大德集團、DIOSTECH、InterFlex、Sekonix

4. 河內市

EMS	（台）英業達；（日）Katolec
零組件	（台）洋華、僑威、超眾、訊芯 （日）Meiko、住友電氣工業、村田製作所、佳能、富士通、HIROSE、Panasonic （韓）Namuga

資料來源：工研院產科國際所，中國信託投信整理

5. 北寧

品牌廠	（韓）三星電子
EMS	（台）鴻海、建漢、啟碁；（馬）V.S. Industry
零組件	（台）旭隼、僑威、神基、鎰勝、進泰 （中）瑞聲科技、歌爾聲學 （日）住友電氣工業、佳能、昭和電工、Foster Electric （韓）三星 SDI、三星半導體、Samsung Display、Patron、Crucial Tec

6. 海陽

品牌廠	（韓）三星電子
零組件	（台）錩新、東科、宏致、新至陞、協禧、萬泰科、胡連、勝德 （日）住友電氣工業 （韓）韓國端子工業

7. 興安

零組件	（日）Nippon Mektron、京瓷

8. 海防市

EMS	（台）瑞軒、和碩、環旭電
零組件	（台）光寶科、奇力新、仲琦、飛宏、科嘉 （日）矢崎、Sumida、豐田合成 （韓）LG Innotek、LG 化學、LG Display、LG 電子

9. 寧平

零組件	（韓）MCNEX

10. 河南

EMS	（台）正文、佳世達、緯創、啟碁、明泰
零組件	（台）信錦、達方、鴻碩、兆利、奇鋐

11. 廣寧

EMS	（台）鴻海
零組件	（台）乙盛、業強

製造商 Vinfast 在海防市建立占地 335 公頃的汽車組裝廠，越南汽車製造商長海集團（THACO Group）的廠房位在廣南省。至於外商，日廠豐田（Toyota）在永福省設有汽車組裝廠，美國福特汽車（Ford）則在海陽省設廠。

● 鋼鐵產業

自 2015 年以來，越南鋼鐵工業不斷發展，成為東協成品鋼材生產與銷量之主要製造國之一，2023 年粗鋼產量排名全球第 12 位，產量達 2,000 萬公噸。2023 年越南成品鋼產量達 2,776 萬噸，比 2022 年減少 5%，出口量達 809 萬噸，比 2022 年增加逾 28%。越南鋼鐵協會（VSA）預測，2024 年越南鋼鐵將緩步復甦，需求量估計增加 7%，至 2,170 萬噸，產量則上升至 2,900 萬噸。

北越的鋼鐵聚落（詳見圖 4）由越南最大鋼鐵廠和發集團（Hoa Phat）的海陽廠與興安廠，以及越南鋼鐵總公司（VNSTEEL）的子公司太原鋼鐵公司等業者組成。

越南鋼鐵總公司總部位於河內，係由國營鋼鐵生產單位合併而成，在越南鋼鐵工業的發展中扮演重要角色。VNSTEEL 以股份公司模式經營，附屬單位、子公司與合資公司 50 餘家，事業觸角除了鋼鐵外，也跨足金融投資、房地產和勞務輸出等業務。目前，VNSTEEL 旗下鋼鐵企業滿足了越南 50% 以上的建築鋼材需求，以及約 30% 的冷軋鋼材需求。

● **紡織成衣產業**

　　越南紡織成衣產業供應鏈完整，北越聚落主要位於河內、海陽、海防；中越地區包括峴港、順化、會安；南越則集中在胡志明市、平陽、同奈、隆安、頭頓等區域。

圖4　北越鋼鐵產業聚落

❶宣光鋼鐵公司

❷越德鋼鐵公司

❸太原鋼鐵公司（越南鋼鐵子公司）
　太原鋼鐵太中廠
　太原鋼鐵劉舍廠

❹和發鋼鐵海陽廠

❺越義鋼鐵海防廠
　越日鋼鐵集團
　SSE 澳洲鋼鐵

❻聖力特鋼

❼和發鋼鐵興安廠
　越義鋼鐵興安廠

資料來源：中國信託投信整理

全球競合下的投資新寵
電子產業新聚落

$

越南擁有涵蓋全球 50 多個國家、多達 16 個不同自由貿
易協定的經貿優勢，加上美中貿易戰引發全球供應鏈移轉，
越南更成為企業「中國 +1」經營策略的受惠者，尤其是鄰近
中國的北越，陸運即可到達，成為國際與台灣科技大廠外移
中國的投資首選，帶動當地基礎建設如火如荼展開，工業園
區與房地產水漲船高，堪稱是越南經濟最火的區域。

祭出優惠政策，積極對外招商

全球科技產業過去受到中國政策優惠、人口紅利、中產
階層快速增加等因素吸引，不少業者選擇落腳廣東、廣西、
福建等經濟繁榮、人力充足的華南地區，但因受到科技產業

鏈去中化影響必須外移時，毗鄰中國、藉由陸路運輸即可與廣西、廣東互通有無的北越，就成為最佳選擇；加上北越擁有北部最大港口海防港，同時享有港口海運優勢，種種地利優勢造就了北越在這波美中大戰引發的供應鏈移轉裡，注定搶得先機。

此外，越南政府一直想要複製日本、韓國、台灣以及中國等東亞國家在工業化成功之路，祭出優惠政策積極對科技業者招手，將北越定位為發展科技經濟的地區，也促使國際科技產業更樂於移往北越。

越南政府早在 2018 年 3 月 22 日出台的第 23-NQ/TW 號決議《關於 2030 年前制定國家產業發展政策方向，以及展望 2045 年的決定》，就確定發展資訊科技產業、電子產業是越南完成工業化的主要途徑，希望 2030 年前優先重點發展一批電子資訊產業達到世界先進水平，滿足第四次工業革命的要求，為其他產業打下應用數位化技術的基礎。2021 年 2 月 1 日，越南官方頒布的第 157/QD-TTg 號決定《2030 年前越南國家產品開發計畫》中，則更明確將資訊科技、電子通訊產業列為優先考慮和選擇研發產品的產業。

2024 年 1 月 16 日，越南總理范明正更在達沃斯世界經濟論壇（WEF）上積極招商，在會議上與各企業代表見面，還呼籲全球的投資人可以關注越南的科技業發展，包含人工

智慧（AI）、汽車和半導體產業，並重申這些產業若來越南設廠，將獲得政府的大力支持。

科技大廠進駐，產業聚落成形

　　天時（美中科技戰）、地利（鄰近中國）、人和（政府政策）三大因素，促成了今日北越成為國際科技業供應鏈聚集的盛況。根據 Fitch Solution 分析報告的估計，到越南投資的外資科技企業，約有 65% 集中在北部工業區。而累計至 2023 年外人直接投資金額中，河內以超過 400 億美元居冠，海防接近 300 億美元居次，北寧以約 250 億美元位居第三，這 3 個省分可說是外資企業在北越的投資熱區（詳見圖 1）。

　　目前包括日本、韓國等均有科技大廠如松下（Panasonic）、佳能（Canon）、三星（Samsung）、樂金（LG）等進駐北越，美國則有封測大廠艾克爾（Amkor）進駐，輝達（Nvidia）則是與當地業者合作。而來自台灣的業者也不少，例如鴻海集團早已在北越打造出僅次於中國的第二大生產基地，而台灣電子五哥（廣達、緯創、和碩、仁寶、英業達）更已全員到齊在北越投資設廠（詳見表 1）。

　　這些國際科技業者有些早已進駐北越多年，但多數是美中貿易戰後才前進越南。大型集團前往北越投資，帶動許多衛星公司跟著赴越投資，包括 AI 伺服器、手機、筆電、電腦

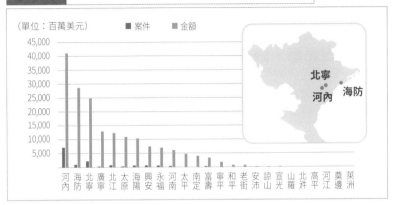

資料來源：中國信託投信

表1	投資北越代表性科技廠商
國家／地區	**科技業者**
台灣	鴻海、立訊、仁寶、智邦、佳能、英業達、友達、正文、佳世達、明泰、神準、啟碁、緯創、巨騰、廣達、和碩等。
日本	松下（Panasonic）、佳能（Canon）、富士全錄（Fuji Xerox）等。
韓國	三星（Samsung）、樂金（LG）等。
中國	比亞迪、歌爾等。
美國	輝達（Nvidia）、艾克爾（Amkor）等。

資料來源：駐越南台北經濟文化辦事處經濟組、越南台商電子產業聯誼會、MoneyDJ

設備等產品與零組件聚落也在北越成形，造就越南在全球科技產業供應鏈占有一席之地。

前進越南布局，輝達攜手 FPT

值得注意的是，國際大廠的進駐與政策加持，不僅讓越南成為全球科技產業重要聚落，也帶動越南本土科技業的發展，培養出的優質高科技公司，進而吸引到美國 AI 大廠輝達攜手合作。

總部設於越南北部大城河內市的 FPT 集團，就是近期備受矚目的越南科技龍頭。FPT 主要提供企業數位轉型服務，為越南最大的 IT 服務公司，2024 年 6 月入選首屆《財星》（Fortune）雜誌東南亞 500 強企業，躋身東南亞科技產業第七大公司。

根據《財星》資料，FPT 2023 年營收達 21.7 億美元，年增率 19.6%，主要受惠於全球數位轉型熱潮，也是 FPT 最擅長的業務，客戶涵蓋全球 600 多家大型企業，其中 100 家是世界 500 強企業，如東芝（Toshiba）、日立（Hitachi）、德意志銀行（Deutsche Bank）、聯合利華（Unilever）等。

FPT 優異表現被輝達看見，2024 年 4 月輝達與 FPT 合作興建人工智慧工廠，投資金額高達 2 億美元，FPT 運用輝達的技術來推進越南在人工智慧的研究，包括開發有關生成式

AI 的相關應用和電動輔助駕駛,兩家公司還簽署全面戰略合作夥伴關係,引起市場高度關注,而這也意味著全球 AI 龍頭大廠輝達正前進越南布局。輝達執行長黃仁勳更公開表示,要把越南打造成輝達的「第二個家」,足見越南之於全球科技業的發展性與重要性正大幅提升。

鼓勵產學合作,培育科技人才

為滿足科技產業對於相關人才的需求,越南政府在「越南半導體晶片產業發展戰略」中,鼓勵由大企業協助本地大學,強化越南在半導體產業的人才培育與提升競爭優勢,讓科技業自己動起來,主動與大學合作。

2024 年 1 月 30 日,河內市的河內國家大學所屬工業大學與韓國三星電子(Samsung Electronics)達成共識並簽署人才培訓協議,正式啟動三星在河內市的半導體培訓計畫,針對大學 3 年級到 4 年級的學生進行密集的韓語以及半導體相關的產業訓練,以確保學生在畢業時有足夠的語言能力與專業技術,銜接至韓國企業工作,而所有培訓費用將由韓國三星與河內國家大學共同贊助。

在此之前,該校已與台灣和韓國多所大學締結姊妹校與合作,開設 20 個與半導體相關的專業課程。同樣意識到人才問題的輝達,之所以選擇與 FPT 合作,部分原因也是看中

FPT 在越南已有 1 萬多名工程師，且設有大學，不必擔心人才斷層。

積極在越南設廠打造供應鏈的台灣也有所行動，積極招收越南學子來台就學，目前在台留學的越南學生數量，也居外籍學生第一，且主攻理工科系，未來將返鄉扮演科技尖兵。

由台灣民間企業和多所學研機構於 2021 年 1 月成立的「東南亞影響力聯盟」（SIA），也積極參與越南人才培育工程。2023 年 10 月 SIA 和越南河內和樂科學園區與國家新創中心（NIC）及越南最大資金管理公司 VinaCapital 簽署合作備忘錄（MOU），並宣布成立東南亞半導體中心（SSC）及東南亞半導體學校（SSS），除了促進台灣與越南半導體產業的研發合作，更希望透過技術、人才和產業間的互動，建構越南半導體生態系。

除了國際企業推動的產學合作，當地企業二代以及在科技大廠工作的越南人，也是重要的人才庫。有別於第一代企業主，第二代更重視與投入資源進行人才培育；此外，根據胡志明市高科技園區委員會主席阮英矢（Nguyen Anh Thi）的估計，目前約有 50 萬越南人生活在矽谷，其中有 10% 曾經或正為一線科技大廠如蘋果（Apple）、英特爾（Intel）、IBM 等工作，對於越南的科技產業發展也有所助益。

捷運 5 號線、高速鐵路陸續上路

　　為了滿足日益繁榮的經濟，北越目前規劃中的重大交通設施包括捷運、高鐵、高速公路等。身為越南首善之都與北越投資要津的河內，正準備興建第三條捷運線「捷運 5 號線」，全線預計於 2025 年開工，在 2027 年之前完工並營運。世界銀行（World Bank）將為河內捷運 5 號線提供貸款，為參與越南捷運興建的資金來源之一。

　　河內捷運 5 號線總長為 38.5 公里，包含地下捷運 6.5 公里、高架捷運 2 公里以及地面輕軌 30 公里。全線總共有 21 個捷運站，貫穿於河內市的各主要商業區與外國人區，被視為河內市捷運規劃中最重要的一條捷運線。一旦完工，勢必讓北越發展更上層樓。

　　以河內作為起點，貫穿整個越南的南北高速鐵路興建計畫也蓄勢待發。這條串聯南北 20 幾個省分的高速鐵路，最北端從河內市出發，最南端則為胡志明市，全長 1,545 公里。越南政府預計在 2025 年通過此高鐵計畫，分成兩階段興建：第一階段為河內市至榮市，以及胡志明市至芽莊的路線，長度約 650 公里，預計在 2027 年開始、2035 年完工；第二階段為剩餘的 895 公里，預計於 2045 年前完成全線通車營運。

房市指標熱絡，銷售率成長 320%

全球科技業者的進駐與如火如荼展開的重大基礎建設，讓北越房地產同樣火熱。在工業用廠房方面，根據我國經濟部國際貿易署指出，北越現有廠房總面積為 370 萬平方公尺，主要供給電子、電腦、光學、機器等工業區大廠的支援廠商，根據 2023 年第 4 季北越不動產市場報告顯示，北越現成廠房市場大幅成長，進駐率高達 78%，平均租金約 4.8 美元（平方公尺／月），估計至 2026 年每年將上漲 1% 至 4%。

在房地產方面，從 2023 年年中開始需求明顯增加，特別是河內及周邊省市最為熱門，隨著外資到北越投資與中資系列基建公司在河內市設立辦公室，帶動河內市房地產景氣繁榮，來自當地民眾的買氣也很熱絡。房地產位居越南民眾最喜歡的投資工具第二名，而 2023 年全國金融機構 13,500 兆盾存款裡，光河內就占了 34%，為推升房地產的一大助力。從河內及鄰近省分公寓大樓預售屋新推案件吸收率（即銷售率）的變化，可以看出北越熱門程度冠居全越南，即使 2024 年第一季的吸收率相較 2023 同期有冷靜下來，但依舊成長了 320%（詳見表 2）。

| 表2 | 越南房地產市場吸收率變化 | | | | |

吸收率 （單位：百萬越南盾 ／平方公尺）	2023 年 第一季	2023 年 第四季	2024 年 第一季	2024 年第一 季與 2023 年第一季 相比	2024 年第一 季與 2023 年 第四季相比
河內、興安省、北寧省、北江省、廣寧省	10%~15%	30%~40%	30%~40%	⬆ 320%	⬌持平
中部：峴港、慶和省、平定省、富安省、廣平省	5%	5%~10%	5%~10%	⬆ 250%	⬌持平
胡志明市、平陽省、同奈省、隆安省、巴地頭頓省	10%~15%	20%~25%	20%~25%	⬆ 180%	⬌持平
西部：芹苴、安江省、後江省、永隆省、薄寮省、富國島	2%~5%	15%~20%	15%~20%	⬆ 500%	⬌持平
全國	5%~10%	25%~30%	25%~30%	⬆ 360%	⬌持平

資料來源：中國信託投信整理

加速「越南製造」，建立本土供應鏈

然而，北越面臨的挑戰也不少。首先，越南在發展資訊科技、電子產品工業的過程中，正面臨國產周邊零組件配套供應鏈不足，以及缺乏深度研發能量的問題。由於越南電子資訊產品的國產化率仍偏低，參與價值鏈的能力薄弱，造成在越南電子業僅占總數 20% 的外資廠商貢獻了 95% 的附加價值。

以東北亞的韓國經驗觀察，電子業的一項零組件供應，要從外資企業主導逐漸過渡到有完整的本地供應鏈，大約需要 9 年到 12 年時間，在這段過渡期間，本地供應鏈除了技術轉移，還需要政府政策的支持與保護。目前越南政府透過鼓勵公共支出採購「越南製造」（Made in Vietnam）、獎勵海外工程師回國、獎勵電子零組件供應鏈到越南設廠、吸引廠商投資越南設立研發檢測中心等，希望改善目前困境。

其次，這些外資企業雖名為電子科技行業，有不少仍以組裝為主，就「微笑曲線」（Smile Curve）的結構來看，外資企業仍停留在組裝的層次，越南電子業必須加快技轉以及增加供應鏈的比重，並從微笑曲線由上而下發展，以避免將來外資企業退出越南時造成產業空洞化（詳見圖 2）。

另外，缺電的老問題如何解決，也是北越邁向全球科技重鎮的一大障礙。2023 年越南因聖嬰現象氣候酷熱降水少，

圖2　電子業微笑曲線

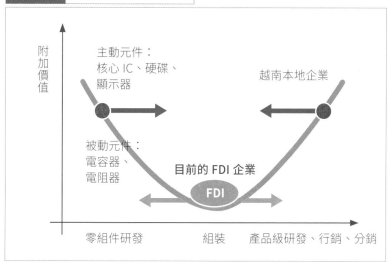

資料來源：中國信託投信

造成用電量大增但水力發電效能卻大減，導致北越地區於
2023 年 5、6 月期間頻頻限電、停電，打亂企業正常運作與
生產週期，甚至影響交貨日期，對科技業影響頗大。

越南美國商會引用世界銀行評估指出，2023 年缺電造成
14 億美元損失，相當於越南國內生產毛額（GDP）的 0.3%。
因此，越南若持續缺乏可靠且具成本效益的電力供應，恐將
成為科技業繼續投資越南的最大阻礙。儘管無法方方面面都
完美，北越憑藉著天時、地利與努力，已成為全球科技產業
的重要基地，假以時日，北越將更加亮眼。

金剛、007 電影取景地
遺世獨立世外桃源

　　北越歷史悠久，更是許多好萊塢電影的取景地，007 電影迷對於北越應該不陌生，在奧斯卡影后楊紫瓊參與演出的《007：明日帝國》（Tomorrow Never Dies）電影中，有一幕場景就是在北越的下龍灣拍攝。此外，2017 年上映的《金剛：骷髏島》（Kong: Skull Island）描述探險隊冒險前往南太平洋神祕島嶼的故事，片中幾個大場面也是在北越的下龍灣、寧平長安生態保護區取景。

　　隨著電影票房賣座，吸引更多人想要認識北越之美，「特別是疫情後，旅遊限制逐漸解除，遊客對於越南的接受度明顯提高許多。」東南亞旅行社董事長阮氏芳蘭說。

　　北越有國際機場且航線綿密，抵達機場後到首都河內可

選搭計程車或巴士，不到 1 小時的車程，對於國際旅客來說，相當便利；再加上北越的地理位置，有高山也有海岸線，有古都也有現代化的城市，來到這裡的旅人不只能享受北越的自然美景，還有豐富的文化遺產和歷史古蹟。

「北越非常適合想要看自然景觀及體驗文化歷史的人。」越南線領隊馮雅婷說，北越是越南的文化和歷史中心，其中，越南首都河內有許多歷史悠久的建築和博物館，除了逛逛老城區，還可以坐在特色咖啡店裡消磨時光。

從台灣嫁到越南的旅遊作家 DD 強調，越南非常適合台灣人前來，除了申請簽證容易外，目前越南的五星級飯店和餐廳相較於東南亞其他國家，價格都不算太貴，遊客來到越南可以享受經濟又實惠的度假之旅。

以觀光業發展程度來說，越南過去很適合團體客或背包客前往，現在更發展成高級度假村和五星級酒店的群聚地，大型購物商場如樂天百貨進駐到各個城市，即便是超級偏遠的島嶼上都有星巴克，「來越南，一點也不難，也印證了在東南亞最常聽到的英文『Same Same But Different』。」DD說。

旅遊達人推薦，北越必訪景點

● 海上桂林──下龍灣

　　「喜歡看自然景觀的人，造訪北越一定不能錯過下龍灣。」DD 說，在這裡有 2,000 多座大小島嶼散布海面，造型各具特色，當地人相傳是天上的龍吐出寶石與翡翠，成為海上石林，更有「海上桂林」之稱。下龍灣

下龍灣（來源：Shutterstock）

在 1994 年被登錄為世界自然遺產，2011 年更獲選新世界七大奇景之一，成為旅人造訪北越必來的絕美景點。

馮雅婷則建議搭船遊下龍灣，如果時間夠，一定要在船上住宿，這樣才有足夠時間欣賞水上人家與下龍灣的奇景風光。尤其是鐘乳石山洞，約有 1 萬平方公尺，再輔以燈光照射，呈現絕美鐘乳石紋，莊嚴又神祕。

別忘了再到英雄島去踩踩潔白的沙灘，或是體驗獨木舟划行，也可以選擇沿著島上山丘的 423 階長梯登高後，即可 360 度俯瞰下龍灣的寬闊視野，山群倒映在碧綠的海上，景色優美如一幅山水畫。

由於北越四季氣候分明，造訪下龍灣的最佳時節為夏末初秋的 9 月到 11 月，可避開濕冷的冬天及炎熱的夏天；其次，3 月到 4 月的春天時節，也很適合遊覽下龍灣。

 從河內市區前往，無直達公車，建議包車或搭計程車，單趟約 3.5 小時。

● **越南心臟──河內**

越南首都河內，就像是越南的心臟，擁有豐富的歷史遺產和文化景觀。遊客可以在這裡找到許多過去的歷史

遺跡，轉過一個街角，又能遇見帶有法式優雅的咖啡店，充分感受當地的美食和文化氛圍。

DD 建議白天可以先到昇龍皇城理解越南從 11 世紀到 20 世紀的歷史變革，目前是越南重要的遺跡群之一，可見到優雅王朝文化的文物與歷史脈絡。想要了解越南歷史，更不能錯過胡志明博物館，建於 1985 年 8 月並於 1990 年 5 月 19 日正式揭幕，館內陳列許多照片、實物來說明越南國父胡志明的一生，同場加映胡志明故居與紀念堂，參觀時皆須留意開放時間，以及入內參觀的禮儀（服裝、攝影等）。

接著，再來一趟博物館漫遊，到國家歷史博物館看越南史前時期到 20 世紀中的越南歷史及相關文物展品。再到民族博物館了解越南所有族群的特色與發展；順道造訪附近的婦女博物館和火爐監獄，一次看盡越南的歷史。

「黃昏的時候，可散步到還劍湖邊的露天咖啡廳買杯咖啡，然後坐在路邊欣賞湖光倒影。」DD 說，碧綠的湖水、黃澄澄的夕陽、綠色的植栽，難怪還劍湖是河內最出名的觀光勝地之一。

想要體現舊城區，就往還劍湖北部河內古街區，36 條古街區的由來是 11 世紀李王朝時代，這裡以皇帝的城邑而繁榮發展，師傅們依照職業別而居，由於有 36 個，因此又稱為「36

昇龍皇城（來源：Shutterstock）

胡志明博物館（來源：Shutterstock）

古街」。過去古街街道的規劃就像棋盤一樣，每一條都是專門行業的一條街，比如絲街、米街、紙街、珠寶街行等；但到了今日，店鋪位置已不依行業別來劃分，全部交織在一塊。

想要賞越南特色的小物或伴手禮，這裡絕對可以尋寶。「逛市集時除了貨比三家，還是可以講價，從半價開始談起。」來自越南的網紅阮秋姮強調，同樣一個東西，在同一個市集裡的不同店面就可能會有不同的價格，可以多走走、看看，想買的話再跟老闆議價。

 河內機場（內排機場）往河內市區可搭客運，車程約 40 分鐘到 60 分鐘。

● 陸上下龍灣——寧平

在越南寧平有成千上百個石灰岩洞，河流穿越其中，因此造訪寧平的最佳方式，就是搭上人力小船飽覽河岸風光。其中，最著名的景點便是陸龍灣，有「陸上下龍灣」的美名。

DD 建議，如果只有一天的時間，可以先從參觀長安開始，搭船欣賞岩洞及沿岸奇石，如詩如畫的兩岸風光，彷彿遺世獨立，置身世外桃源。此外，還有

人力船（來源：Shutterstock）

陸龍灣（來源：Shutterstock）

機會看到電影《金剛：骷髏島》的拍攝場景，感受電影裡所呈現的獨有氛圍。

如果停留的時間久一點，則可以到三谷搭竹筏，順著河流穿梭在十奇百怪的石石之間，觀賞周遭的奇峰異石，讓人不得不讚嘆大自然的鬼斧神工。另外，若不想只搭竹筏，也可以選擇下船進行其他行程，例如許多遊客會選擇在田野間騎自行車，度過悠哉舒適的旅程。

在這裡還能參觀東南亞最大的佛教建築群白亭塔，不但是越南最古老的寺廟之一，也是越南規模最大的寺廟與世界文化遺產。白亭塔占地超過 1,000 公頃，由數座寺廟和 500 多尊精雕細刻的佛像及一座越南最大的銅鑄佛像組成，莊嚴肅穆。

白亭塔（來源：Shutterstock）

 交通方式 從河內搭火車，約 2 個多小時可抵達。

● 浪漫山城——沙壩

　　想要走不一樣的健行行程，則可以到北越的偏遠山區沙壩，這裡是一個被高山環繞、海拔溫差高的地方，可以在短短一天內就經歷四季。沙壩的四季各異其趣，春天有粉嫩的櫻花、夏天有翠綠梯田，秋天可見飽滿的黃金稻穗，冬天則可見雪霧繚繞。

沙壩

「我曾經和朋友在晚上 8 點從河內搭寢台火車去沙壩，睡一覺隔天早上 6 點抵達老街省，再搭 1 小時車前往沙壩，非常特別的體驗。」DD 說。沙壩是越南最北少數民族的居住地，想要體驗深度之旅，可以雇用當地的少數民族當嚮導陪同，有機會更加了解在地的風俗民情。

 從河內往沙壩可搭巴士（約 5 小時）及火車（約 8 小時）車程。

四季變化分明，備妥保暖衣物

北越跟台灣一樣有四季變化，馮雅婷認為，11 月到 4 月適合旅遊，氣候舒適宜人，5 月至 10 月將進入雨季，記得攜帶雨具及做好防曬；11 月至 2 月，北越的山區氣溫可能下降至 10°C以下，建議攜帶保暖衣物，如羽絨服、圍巾和帽子。

阮氏芳蘭也提醒，北越的大城市或大型商場普遍可以接受信用卡，不過，到了偏遠地區或小型商店，則以現金支付為主，因此建議隨身攜帶足夠的越南盾。越南的治安整體來說是良好的，但遊客仍需注意個人財物安全，尤其是在人多的旅遊景點。

安排 5 天以上行程，走一趟北越，感受自然風光、歷史

文化，無論是自由行或跟團，除了在室內走訪博物館，也可以選擇在戶外飽覽湖光山色；可以乘火車過夜，也可以搭人力船看山，或者到河內街角買杯越南在地風味的咖啡，然後靜靜地看著過往的人潮，感受在地的人文風情。

旅遊作家 DD 建議行程　北越 5 日遊

Day1：桃園國際機場➡河內➡文廟（國子監）➡下龍灣

Day2：下龍灣日遊船➡驚訝洞、TITOP 島、鬥雞島、下龍灣（水上木偶戲）

Day3：下龍灣➡河內➡鎮國寺➡巴亭廣場、胡志明陵寢（外觀）、總督府（外觀）、胡志明故居、一柱廟➡還劍湖（車遊）➡ 36 古街區

Day4：河內➡陸龍灣➡寧平碧洞古廟、長安生態保護區遊船➡河內

Day5：河內➡桃園國際機場

旅遊網站權威推薦 **「董事長級」豪華行程**

北越擁有自然風光與歷史文化，其特殊的地形特色與地理位置，造就絕美的五星級飯店及高爾夫球場體驗。

● 五星級酒店

1. 河內索菲特傳奇大都會酒店（Sofitel Legend Metropole）

目前隸屬於法國 Accor 集團，落成於 1901 年，位於越南河內的老城區，以殖民建築體現東方小巴黎的氛圍，連續多年獲得《富比士旅遊指南》的五星級評鑑，獲評為「無與倫比的美麗酒店」。

酒店受名流政客喜愛，包括喜劇泰斗卓別林（Charlie Chaplin）於 1936 年在此度過蜜月時光；好萊塢巨星布萊德‧彼特（Brad Pitt）和安潔莉娜‧裘莉（Angelina Jolie）於 2007 年下榻於此；2019 年美國總統川普（Donald Trump）和北韓領導人金正恩第二次高峰會的現場也選在這裡。

2. 沙壩美憬閣穹頂飯店（Hotel de la Coupole MGallery）

位於沙壩前往番西邦峰纜車車站共構的五星級飯店，為市區地標，由「奢華渡假村之王」設計師比爾‧本斯利（Bill Bensley）精心打造，飯店大廳處處可見運用搶眼色彩並融入在地民族文化特色的設計，視覺效果屢屢令人驚豔。

酒店內共有 249 間客房，幾乎所有房型都擁有陽台，走到陽台，除了能俯瞰美景，還能眺望遠方山谷中飄散的霧氣，彷彿置身雲霧般，使其享有「雲霧中的凡爾賽宮」的美譽。

3. 河內西湖洲際酒店（InterContinental Hanoi Westlake）

緊鄰具有 800 年歷史的金蓮寺，坐落於河內西湖的寧靜水域，部分房間的陽台景致面湖，不用出房門即可享受湖景風光。此飯店擁有河內唯一的水上酒吧日落酒吧（Sunset bar），許多遊客喜歡在此欣賞壯麗的日落，感受寧靜的度假體驗。

● **高爾夫球場**

1.FLC 下龍灣高爾夫俱樂部（FLC Ha Long Bay Golf Club）

距離河內約 3 小時車程，球場位於下龍灣舊城上方，由施密特·柯利（Schmidt-

下龍灣高爾夫俱樂部（來源：中國信託投信）

Curley）所設計，可以一邊打球一邊俯瞰壯觀的喀斯特地貌海灣，無論是岩石、海濤等都能盡入眼簾，飽覽世界文化遺產的壯美景致。

2. 芒街球場（Mong Cai International Golf Club）

球場位於越南風景秀麗、四季溫暖的北部海灣。球場內碧草如茵，陽光、海風、綠地、丘陵相呼應，呈現一派蘇格蘭海邊林克斯（Links）風格。球道布局獨特、巧妙刁鑽、長中有短、易中有難。球手在丘陵起伏之間既可遠眺氣勢磅礴的大海，又可揮桿逐球盡情享受。

芒街球場（來源：中國信託投信）

3. 鳳凰球場（Phoenix Golf Club）

為河內最大的一座球場，球場有 54 個球洞，分為 3 個球道，是 2007 年亞巡賽的比賽場地。球場由美國設計師羅納德・弗林（Ronald Fream）所設計，盡力做到對自然景色的保護，有湖邊景致與山景，有俱樂部及各式各樣的高爾夫球設備。

鳳凰球場（來源：中國信託投信）

越南飲食的發源地
品嚐正統越南味

2016 年 5 月，美國總統歐巴馬（Barack Obama）在卸任前和名廚安東尼‧波登（Anthony Bourdain），前往河內當地一家小吃店用餐，兩人吃了烤豬肉米線、炸春捲和啤酒，照片一登出，引起極大的回響，店家順勢推出「歐巴馬米線套餐」（Obama Combo），至今成為觀光客必訪的熱門餐點之一。

除了歐巴馬套餐享負盛名，越南的河粉、碎肉飯、春捲等更是紅透全球各地。而台灣街上林立的越南餐廳招牌，成功地將越南的飲食文化引入日常生活中，即使沒有去過越南，台灣人依舊可以說出好幾道心目中愛吃的越南佳餚，「但在台灣吃到的越南菜大多數都來自南越，不是北越的正統味

道。」來自越南的超人氣網紅阮秋姮說。

口味中性清淡，忠於湯頭原味

阮秋姮從小在北越長大，直到高中畢業才到台灣來求學並結婚定居，從小到大的記憶，她認為的北越飲食相較於越南其他地方，是「口味中性，不會太辣或太甜，比較吃湯頭原味。」

以河粉為例，北越跟南越最主要的差異就在於湯頭的呈現，北越除了用豬大骨以外，還會加入茴香、肉桂、丁香、八角等香料長時間熬煮，口味偏清淡；而南越的河粉湯頭會以豬骨、紅白蘿蔔熬煮，兩者的風味及吃起來的味道截然不同。

為什麼會有這樣的差異呢？依據中研院《開放博物館》的資料顯示，越南的飲食文化不只受到殖民的影響，同時也和地方農產以及生活型態相關。其中，越南北部是越南文化的主要發源地，因此許多知名的越南料理都是源自北部，如河粉、生春捲等，食物口味清淡。中部則講求精緻的料理及豐富的配色，口味較辣，著名的有酸湯、甘蔗蝦、牛肉米線等。南部受中國南方移民及法國殖民影響，喜歡帶甜味的菜餚，加入更多種類的新鮮香草。

「想吃在地人的經典越菜，就一定要來北越，因為北越

是越南飲食的發源地，很多知名的菜都源自於北部。」出生
於台灣、現在定居於越南的七年級生 DD 說，在她所寫的《嗯
哼，這才是越南》書中提到，北方菜跟其他區域比起來比較
不辣也不甜，調味料主要使用帕煉過的魚露、蝦醬，還會搭
配較多的生菜，海鮮則以淡水的漁獲為主。

品嚐代表美食，吃出新滋味

「來越南，必吃河粉、法國麵包，再到咖啡店去消磨時
間。」阮秋妲說，這三大越南必嚐的美食，在越南北部、中部、
南部的口味還是有些許不同，因此建議遊客即使在其他地方
嚐過，也可以用嘗鮮的心態，在北越吃出新滋味。

在北越地區有許多獨特的美食，其中一些可能與南越地
區的美食有所不同或有特殊的風味。以下是綜合 DD 與阮秋妲
的看法，推薦來到北越必定要嘗鮮的代表性美食：

1. 河粉

相較於南越河粉配料多、調味重；北越河粉的味道則清
淡許多，通常以清湯或肉湯的形式呈現，配上各種類型的肉
類、海鮮和蔬菜。換句話說，北越的河粉比較忠於原味，在
視覺效果上較單純些，也比較能夠感受到湯頭的清甜。

河粉（來源：Shutterstock）

2. 蝦餅

台灣的蝦餅通常用來單吃，像餅乾一樣，一片接一片很涮嘴；
不過，北越的蝦餅除了將麵糊裹上新鮮蝦米放入鍋中油炸之
外，店家還會附上酸甜微辣的醬汁，搭配切片的青木瓜、蘿
蔔等涼拌醃菜一起食用。

蝦餅（來源：Shutterstock）

3. 蝦醬豆腐米線

對於外國觀光客來說，要挑戰「蝦醬」就跟挑戰吃台灣的「臭豆腐」一樣，需要克服心理障礙，「其實，越南的蝦醬經過店家的精心調和之後，完全不敢吃蝦醬的人也能吃得津津有味，其中，蝦醬豆腐米線是我最喜歡的北越料理之一，大推給愛吃蝦醬的人。」DD 說。

蝦醬豆腐米線食材（來源：Shutterstock）

4. 糯米飯

在越南，會把糯米飯當成三餐或消夜來食用，甚至在重大節慶的時候，會像台灣的端午節一樣，特別製作糯米做的粽子請客。而越南的糯米飯有兩種口味，鹹的糯米飯會拌蝦米乾、雞肉絲、臘腸、花生、蔥油、札肉等，甜的則會染上不同的顏色，再佐以切塊芒果或是咖央醬，香甜無比。

糯米飯（來源：Shutterstock）

5. 寧平山羊肉

寧平是北越的知名景點之一，陸龍灣看石灰岩地形、華閭古都穿梭越南古今，而這裡高低起伏的岩石地形，讓放養

寧平山羊肉（來源：Shutterstock）

的山羊有著充足的運動量,肉質特別緊實,遊客來到寧平必吃的便是羊肉料理,例如烤羊肉便是將山羊肉切塊,氽燙後煮到半熟再切片,再與炒芝麻均勻混合,加上沾醬,非常美味。

6. 越式腸粉

相較於一般人常吃到的廣州腸粉是以牛肉、蝦仁或豬肝為餡,且搭配醬油;越式腸粉則是包裹碎豬肉或其他材料捲成,並搭配魚露享用,店家還會附上豆芽菜解膩。

7. 鮭魚料理

鮭魚不是只有歐洲才有,在越南北部的沙壩因為海拔高、氣候溫和,全年涼爽且冬季特別冷,成為養殖鮭魚的最佳天然環境。阮秋姮非常喜歡帶家人來這裡吃鮭魚料理,「與進

鮭魚料理(來源:Shutterstock)

口鮭魚的口感不同，沙壩的鮭魚肉質扎實，吃起來很脆彈，搭配越式調味醬，非常爽口。」DD 則喜歡鮭魚火鍋，濃郁的魚湯加上當地時蔬熬煮出來的鮮美滋味，呈現出多層次的味道，令人一再回味。

8. 黃金醃烤魚塊

在河內，有一條街叫做「烤魚街」，就知道這是遊客必吃的美食之一。作法是將斑點半鱈的魚肉醃過夜之後，放上炭爐烘烤，客人要吃的時候，店家會擺上一個鍋，讓客人將魚肉放進熱鍋中，待煎成金黃色的外皮，搭配綠色蒔蘿並沾魚露或蝦醬調味，色香味俱全，更是難得的體驗。

9. 炸彈啤酒

相較於南越的啤酒口味較為濃重，北越的啤酒顯得較為清淡，所以不需要另外放入冰塊就很順口，DD 覺得北越的啤酒口味很適合女生喝。特別的是，啤酒瓶身的造型很像大顆炸彈，所以又被稱為「炸彈生啤」。

達人帶路，挑戰越南風味餐

吃過北越在地的美食之後，還可以進階挑戰越南風味餐，以下是 DD 推薦的越南特色菜，吃過才代表你來過越南！

1. 禾蟲烘蛋

外觀看起來跟台灣餐廳的烘蛋料理沒有什麼不一樣，不

過，仔細看才知道，烘蛋裡混入一條條像蚯蚓的禾蟲，另外還有鴨蛋、肉末、蔥、蒔蘿、魚露和橘皮等均勻油煎後而成，「第一次看到這道菜的時候，很驚嚇，但老實說味道很棒，根本吃不出蟲味。」DD 說。

2. 醃漬茄子

這道菜是越南常見的料理，外觀看似小顆的洋蔥醃漬物，其實是一種名為「輪胎茄」的小茄子，搭配辣椒、生薑、鹽、糖所製成的醃漬物品。口感酸酸軟爛、帶有一點鹹甜的感覺，愛的人很愛，吃過一口 就列為拒絕往來戶的也大有人在。

3. 鴨仔蛋

多次被國際旅客票選為世界上最恐怖菜餚之一的鴨仔蛋，在越南當地卻有「吃了會轉運」的習俗。在吃法上，南越人

鴨仔蛋（來源：Shutterstock）

不把殼剝掉，而是在蛋的上方打個小洞，拿小湯匙進去挖。北越人則是先除去外殼，放在小碗裡，配上楜椒鹽和薑絲等調味來食用。

　　「越南人喝酒的時候，還會搭配蟋蟀零食或椰子蟲，如果想要嘗鮮，可以挑戰看看。」DD 說。她也提醒，北越某些地區會販售山珍野味，例如果子狸、眼鏡蛇甚至是瀕臨絕種的動物料理，政府近年加強取締，旅客千萬不要以身試法。

★ 邊玩邊投資 亮點搶先看 ★

素來不若南越、北越搶眼的中越地區，

對投資人的吸引力開始超車。

中越擁有極為遼闊的海岸線，

孕育出多個重要海港，

為國際經貿交流的重要走廊；

境內更有被聯合國教科文組織列入世界文化遺產，

形塑了中越獨有的文化氣息與風土民情。

Chapter 2
前進中越擴大利基

Central Vietnam

充滿歷史與儀式感
坐擁世界文化遺產

　　越南中部常被稱為中越,攤開地圖,它恰恰是越南國土中間最狹長的一段,擁有極為遼闊的海岸線,因此孕育出海運業規模居全國之首的深水港口峴港。然而,峴港市能成為國際遊客的最愛,靠的不是海港,而是被聯合國教科文組織列入世界文化遺產的三大景點:順化皇城、會安古鎮、美山聖地。這三大寶地形塑了中越獨有的文化氣息與風土民情。

王朝興盛衰亡,宮廷文化流傳

　　位於中越承天省的順化原本為占婆王朝的領地,後來被越南王國占領統治。19 世紀初,阮氏王朝在取得中國清朝的承認後,積極尋找興建京城的土地,最後決定定都於順化。

阮氏王朝的統治期一直到 20 世紀中才結束（西元 1802 年至 1945 年），整個王朝歷史長達約 150 年，由於歷代君王從未遷都，因此順化可說是一路見證了阮氏王朝的興盛衰亡。

　　阮氏王朝興建的皇宮，極大程度模仿北京紫禁城，除了具備午門、太廟、太和殿、養生殿等基本宮殿建築外，門框、磚瓦的花紋表現也仿照當時的清朝，設計相當中國風，此外，宮殿內、城門上皆以漢字寫著該建築的名稱，漫步其間，讓人有種置身紫禁城的錯覺，因此，順化皇城素有「越南紫禁城」之稱。

順化皇城（來源：Shutterstock）

時至今日，阮朝皇家早已消逝，而皇城則成為越南現今規模最大的古蹟建築群，經過越南政府一連串的修復重建後，向世人展現宏偉與細緻兼具的宮殿建築藝術。與此同時，阮朝宮廷的音樂、舞蹈、服飾與飲食亦被保存傳承下來，在越南規模最大的文化節慶之一順化節時，源自阮朝宮廷的樂舞及華麗繁複的服飾會出現在各類表演、遊行、演奏會與祭祀儀式之中，吸引國內外遊客前去觀賞。宮廷菜餚自然也是中越美食的重要組成分子，很難想像這些往昔呈給帝王之家享用的精緻菜品，如炸春捲、清蒸蝦、薄餅、荷葉飯、綠豆沙點心等，如今已成為越南餐廳裡常見料理。

順化還發展出一項源自宮廷祭祀活動的行程，名為「遊香江」，往昔阮朝皇帝會率領文武百官在特定時間搭船遊江，並在水面上點滿蠟燭，以祈求四方神明保佑阮朝國泰民安。流傳至今，遊香江成為遊客們鍾愛的行程，在船上可以看盡江水兩岸人民的真實生活。

附帶一提，順化這座古城擁有近似中國的飲茶文化，當地的茶館多為東方庭園式建築，人們悠閒的坐在茶館裡品茶，或聊天、或吟詩、或沉思，老北京式的街頭閒適彷彿移植到了中越，別有一番趣味。

東西融合之美，盡在會安古鎮

　　越南從秦漢時期至清朝年間深受中華文化洗禮，中法戰爭後成為法國殖民地，第二次世界大戰時一度被日本占領，可想而知其文化發展深受中、法、日三國的影響。位於中越廣南省的會安古鎮，則像是一個融入中、法、日、越文化的大熔爐，即使到了今日，仍持之以恆的以建築和藝術向來訪賓客展示著東西文化融合之美。

　　為什麼是會安？因為這裡在西元 5 世紀時即晉升為占婆王朝的貿易大港，爾後在長達 1,000 多年的時光裡獨領風騷，

來遠橋（來源：Shutterstock）

聚集了中國、日本、法國等各國商船，不僅商機氤氳，且國與國之間的文化交流相當頻繁。走在會安街頭，可以發現這裡的建築風格相當多元，有中式會館、有法式洋房，更有日本商會於西元 1593 年建造的日本搬水遠橋，除此之外，會安建築的一大特色是鵝黃色的兩層式樓房，這種建有西式陽台的中國式建築，便是中、法文化在會安交流融合所誕生的結晶，現在有不少這類樓房被改建成咖啡廳，鵝黃底蘊中飄散著濃濃咖啡香，為古鎮增添了悠然氛圍。

會安古鎮尚有一項吸睛的在地文化，即是當地人喜歡以燈籠妝點街景，每到晚上，許多人家及店鋪外面就會點亮燈籠，尤其秋盆河畔更是燈影幢幢、五彩繽紛，十分浪漫，這項在地風情，讓會安被奉為「燈籠之鄉」，吸引著千千萬萬的遊客到此打卡拍照。

曾為國際貿易港口的優勢，讓過去的會安是陶瓷交易的中繼站，而今日的會安在陶瓷器製作工藝上仍舊出色，從而發展出聞名遐邇的陶瓷村。當地的陶器和瓷器以質地細膩、造型獨特、繪圖精美、釉色豐富著稱，足可顯示當地工匠的高超技藝和非凡的創造力，因此製品不僅在越南國內受到歡迎，更遠銷海外。

會安也以縫布技術聞名，古城區裡到處都是裁縫店，號稱只要是布製品，在會安絕對可以找到專業人士完美達陣，

會安街景（來源：Shutterstock）

也因此許多女性遊客會選擇在會安停留期間訂製越南傳統服飾「奧黛」（Ao Dai），不但價格便宜且製作快速。

古印度教文明，薈萃美山聖地

越南境內主要有五大宗教信仰，即佛教、羅馬天主教、高台教、基督新教和好教，且因越南早期由中國統治，因此也深受儒教文化的影響，並接收了傳統道教的祭祖文化。然而，位於中越廣南縣、會安西南方的美山聖地卻又獨樹一幟，處處散發著古印度教文明的神采。

　　美山聖地，一個約 2 公里寬的山谷谷地，周邊被山脈包圍，因此又名「美森谷地」，西元 4 世紀至 14 世紀之間，越南占婆王朝在此建造眾多祭祀神殿、寺廟、寶塔與雕像，作為王朝舉行宗教儀式的主要場域，以及供奉王者和英雄的牌匾區。由於占婆王朝深受印度文化影響，信仰上亦以古印度教（婆羅門教）為主軸，信奉三大主神之一的濕婆神，故當時打造出來的建築不僅演繹著古印度教文明的色彩，亦有無數展現濕婆神婀娜多姿神態的浮雕，作工之精巧，令人嘆為觀止。

美山聖地（來源：Shutterstock）

占婆文明在被越南王國征服之後便消失無蹤，幸運的是，王朝在美山聖地建造的文物，在歷經戰亂後仍有部分被保留下來，甚至留存了許多古語碑文，因而成為現今考究古越南占婆文明至關重要的遺跡。目前美山遺跡的重要雕刻與寶物，已移至位於峴港的占婆族石雕博物館，美山聖地也有占婆音樂、舞蹈的相關表演活動，讓遊客體會與現代越南截然不同的文化情調。

中部出海重要門戶
產業潛力蓄勢待發

中越行政區包含北中部、南中部沿海和西原地區，北中部由越南中部狹長地區的北半部 6 個沿海省分組成，由上而下依序為清化省、義安省、河靜省、廣平省、廣治省、承天順化省，全部省分東側面向南海，西側與寮國接壤，安南山脈形成天然屏障。

南中部沿海地區包括越南中部狹長地區南半部的 7 個沿海省分（平定省、平順省、慶和省、寧順省、富安省、廣南省、廣義省），以及直轄市峴港市。南中部地區東鄰南海，西側環繞西原地區，峴港是越南第四大城市和中部重要港口城市。

西原地區包括越南中南部的 5 個內陸省分（多樂省、得農省、嘉萊省、崑嵩省、林同省），西原地區大多數位處山區，

原始森林茂密，為少數民族聚居地。

金屬礦藏豐富，應用層面廣泛

中越的礦產資源十分豐富、多元，包括電動車電池的主要原料鎳礦；應用層面廣泛、可冶煉成鋁的鋁土礦，以及全國唯一的鉻鐵礦場。

越南大部分鋁土礦產於中部高地，特別是得農省、林同省和崑嵩省，北越的諒山省、高平省和河江省也有部分鋁土礦藏。根據美國地質調查局（USGS）數據，越南鋁土礦儲量為 58 億噸，位居全球第二，僅次於非洲幾內亞（74 億噸）。鋁土礦是富含鋁的礦石，為金屬鋁的核心生產原料，近年來被廣泛應用於電子電器、汽車製造、化工工業、鋼鐵、建築、醫療器械、航空航太、軍工國防等多個領域。

鎳是電動車電池的主要原料之一，根據礦業冶金科學技術研究所數據，越南鎳總儲量和資源估計約為 360 萬噸金屬鎳，主要集中在中部的清化省（306 萬噸），以及北部的山羅省（42 萬噸）與高平省（13 萬噸）。

清化省 Co Dinh 是越南唯一和最大的鉻鐵礦場，儲量估計約 2,200 萬噸。河靜省石溪（Thach Khe）鐵礦是越南最大的鐵礦砂礦場之一，估計儲量達 5.5 億公噸。此外，越南擁有豐富的鈦礦，估計總儲量達 6 億噸，主要集中在從清化省到

平順省的中部沿海地區。

森林面積廣闊,覆蓋率全國第一

中越是全國森林資源最豐富的地區,沿海省分一側是狹窄的平原,另一側是崎嶇的山脈,安南山脈貫穿越南西部,形成遼闊的森林。中北部及中部海岸地區的森林面積為全國最大,達 562 萬公頃,森林覆蓋率也居全國之冠,達54.23%。義安省是全國森林面積最大的省分,將近 102 萬公頃;廣南省是全國森林面積第二大的省分,超過 68 萬公頃。以森林覆蓋率來看,中部的廣平省覆蓋率達 68.7%,為全國第二高,僅次於北部北𣴓省的 73%(詳見表 1)。

越南是全球主要木材出口國之一,越南的木材銷往全球170 個國家和地區,遍及美國、歐洲、韓國和日本等主要市場,在中東和印度等新興市場的市占率也逐漸提升。林業為越南帶來充足的收入,2023 年木材及木製品是越南第七大出口商品,出口值達 134 億美元。

林業對農業貿易順差率貢獻顯著,2021 年貿易順差達 129.4 億美元;2022 年達 141 億美元;2023 年預計達到121.99 億美元。2021 年至 2023 年林業增加價值年平均成長率 4.6%,達到計畫的 92%;木材及林產品出口額年均達 158億美元,完成計畫的 88%。

西原地區高原面積較大，地形平坦，以廣闊的森林而聞名，森林面積 258.57 萬公頃，森林覆蓋了該地區總面積的 46.34%（詳見表 2）。嘉萊省、崑嵩省、林同省和多樂省擁有大片原始森林。

西原地區有巴河和同奈河等幾條主要河流，是經濟發展的重要的水源，促進農業和水力發電，而且玄武岩土質肥沃，有利於形成專業化經濟作物種植區。

擁有多處海港，具有戰略意義

中部重點經濟區在 1997 年設立，包括峴港、承天順化省、廣南省和廣義省，2004 年增設平定省。地形狹長的中部重點經濟區有許多重要海港，是越南發展海洋經濟的主力地區。

中越的重點經濟區位在南北地區過渡地帶，是中部高地出海的重要門戶。該地區具有戰略意義，有條件形成連接中部高地、緬甸、柬埔寨和寮國等國家，與經東海和東太平洋國際海上通道的重要經貿交流走廊。該地區的經濟發展將有助於中北部、中南部等沿海地區調整經濟結構、創造就業機會和提升基礎建設。

2022 年中部重點經濟區的地區生產總值（GRDP）達 10.43%，在四大重點經濟區名列前茅，一舉超越往昔的常勝軍北部重點經濟區。峴港 2022 年的 GRDP 高達 14.05%，為

表1　越南中部沿海省分森林資源

省／市	天然林（公頃）	人工林（公頃）	總計（公頃）	森林覆蓋率（%）
義安	790,353	228,435	1,018,788	58.33
廣南	462,321	218,836	681,156	58.88
清化	393,361	254,070	647,431	53.75
廣平	469,961	121,407	591,368	68.70
平定	214,084	167,612	381,696	57.32
平順	296,915	52,153	349,069	43.08
河靜	217,276	120,787	338,063	52.58
廣義	106,712	226,176	332,889	51.39
承天順化	205,587	100,845	306,433	57.16
富安	126,954	130,216	257,170	47.16
廣治	126,694	121,495	248,189	49.40
慶和	176,430	68,176	244,606	45.58
寧順	147,811	13,778	161,589	47.25
峴港	43,062	19,671	62,733	44.77
合計	3,777,521	1,843,663	5,621,186	54.23

資料來源：越南農業和農村發展部

表2　西原森林資源

省／市	天然林（公頃）	人工林（公頃）	總計（公頃）	森林覆蓋率（%）
嘉萊	478,687	171,310	649,997	40.95
崑嵩	552,287	80,641	632,928	63.69
林同	454,674	83,296	537,970	54.37
多樂	411,931	94,736	506,667	38.04
得農	196,008	62,131	258,139	39.07
合計	2,093,587	492,114	2,585,701	46.34

資料來源：越南農業和農村發展部

當年全國經濟成長率 8.02% 的 1.75 倍。

　　政府為中部重點經濟區制定的發展導向以海洋旅遊及生態旅遊為主，另外還有汽車製造與組裝、石油化學、國防工業和海港服務。

工業區發展晚，具土地與租金優勢

　　中越的工業區集中在峴港和廣南省（詳見圖 1），發展速度較北越和南越的工業區慢，不過北部和南部工業區的投資已經趨近飽和，中越的成本相對較低，競爭也較少。中部地區的主要產業為電子和機械工程、手機、食品加工業、重工業，同時也是紡織、製鞋、木材和家具、金屬等傳統輕工業的中心（詳見圖 2）。

　　中部地區 4 個重點省市：峴港、廣南、廣義、平定的工業區總供應量超過 7,500 公頃，進駐率約 67%。根據戴德梁行（Cushman & Wakefield）研究資料顯示，2022 年平均租金為每平方公尺 34 美元，僅為北部地區租金的 30%，更只有南部工業區租金的 25%。

　　中部地區憑藉廣闊的土地面積、相對低廉的租金和密集的海港系統，吸引許多國際工業製造商進駐，但由於氣候比北越跟南越地區惡劣，較難吸引到高技能勞工。

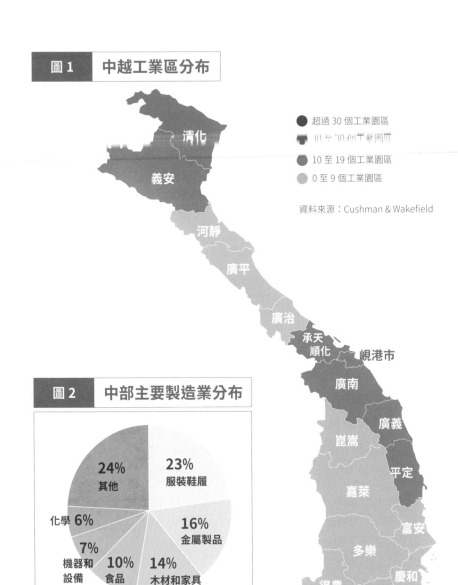

圖1　中越工業區分布

- ⬤ 超過 30 個工業園區
- ⬤ 20 至 29 個工業園區
- ⬤ 10 至 19 個工業園區
- ⬤ 0 至 9 個工業園區

資料來源：Cushman & Wakefield

清化

義安

河靜

廣平

廣治

承天順化

峴港市

廣南

廣義

崑嵩

平定

嘉萊

富安

多樂

慶和

得農

林同

寧順

平順

圖2　中部主要製造業分布

- 24% 其他
- 23% 服裝鞋履
- 16% 金屬製品
- 14% 木材和家具
- 10% 食品加工
- 7% 機器和設備
- 6% 化學

資料來源：戴德梁行（Cushman & Wakefield）

利用 FDI 趨勢，吸引高科技投資

● 半導體產業

　　峴港市計畫 2024 年優先發展高科技產業，市政府制定許多吸引高科技產業投資的措施，例如提供資訊和支援投資計畫實施等，期盼利用外國直接投資（FDI）湧入越南的趨勢，吸引來自美國、歐洲及亞洲的頂尖企業，重點發展產業包括半導體設計、人工智慧（AI）、大數據及數位科技等。

　　在半導體產業方面，峴港市積極向美國、歐洲和日本大型企業招手，尋求在設計階段進行投資，同時鼓勵台灣、韓國、馬來西亞和新加坡等亞洲企業投資半導體供應鏈組裝、測試、封裝及其他階段。

● 電子產業

　　中部電子製造產業的外資投資以日本企業為主，包括村田製作所、藤倉電子、Foster Electric 和 Sumida，峴港市為日企的主要據點，美商 Coilcraft 進駐廣南省，台廠美律在義安省設廠（詳見圖 3）。

● 鋼鐵產業

　　中越的鋼鐵外資投資（詳見圖 4）以台塑河靜廠為代表，台塑位於河靜省永昂經濟區的鋼鐵廠，是越南最大的外商直接投資鋼鐵廠，也是越南產量最大的綜合鋼鐵冶煉和壓延廠，

圖3	中越電子製造產業分布

1. 峴港市

PCB	（日）藤倉電子
被動元件	（日）村田製作所
聲學元件	（日）Foster Electric

2. 廣南

被動元件	（美）Coilcraft

3. 廣義

被動元件	（日）Sumida

4. 義安

聲學元件	（台）美律

資料來源：工研院產科國際所，中國信託投信整理

圖4	中越鋼鐵產業分布

❶台塑河靜鋼鐵

❷和發鋼鐵容橘大鋼廠

資料來源：中國信託投信整理

總面積約 3,000 公頃。台塑河靜有熱軋廠一座，最大年產能為 520 萬噸，可生產熱軋（HRC）與熱軋粗鋼捲（HRB），還有兩座棒線盤元工廠，合計年產能為 120 萬噸。

　　越南鋼鐵巨頭和發集團（Hoa Phat）除了在北部興安省和海陽省設廠外，中部廣義省也是和發的生產重地。和發旗下產品包括建材鋼、熱軋鋼捲和鋼管等，目前每年約生產 850 萬噸鋼材，包括 550 萬噸鋼胚、建築鋼材與優質鋼材，以及 300 萬噸熱軋捲。廣義省的 2 號高爐預計 2025 年投入營運，屆時粗鋼總產能將達到每年 1,400 萬噸。

挾陸海空運地利優勢
科技業布局首選

$

　　越南自 2007 年 1 月正式加入世界貿易組織 (WTO) 後，一直是全球經貿圈的焦點，活躍的外國直接投資 (FDI)，搭配國內不斷提高的生產力，令其踏上經濟疾速成長的道路。期間雖歷經通膨飆升、金融危機以及新冠疫情等重重考驗，但回首近20 年的跌宕起伏，外國投資人對越南的興趣依然有增無減。

　　值得一提的是，這 20 年來，最值得關注的變化之一，就是素來不若南越、北越搶眼的中越地區，對投資人的吸引力開始超車。數字會說話：1997 年設立的中部重點經濟區（含括峴港市、峴港市、承天順化省、廣南省、廣義省，2004 年增設平定省）在全越南四大重點經濟區中，經濟成長率一向居後，但 2022 年中部重點經濟區的地區生產總值 (GRDP)

卻以雙位數的成長率（10.43%）一舉奪冠！其中，峴港為 GRDP 成長率最高的省分，達到 14.05%。

三大投資誘因，帶動產業發展

中越搶鏡，究其背後原因，可歸納為 3 點：一是憑恃居中的地利，受惠於全國交通路網的擴展；二是石化產業底蘊扎實，汽車工業亦隨之發展，加速外商進駐生產；三是越南政府為提高外企的投資意願，政策面全力做多，尤其峴港市內的科技園區祭出多項優惠，吸引海外大廠進駐。簡言之，基礎建設日益完善、再加上政策相應配合，創造了良善的投資環境，以致現在外資想起越南，已不再只有北越的河內與南越的胡志明市，中越峴港也成了他們眼中值得進駐的代表城市。

以下針對中越吸引投資的三大原因，詳加說明：

一、銜接南北越，受惠全國交通建設

中越位於越南國土中間地帶，以狹長的地形銜接北越與南越，當越南政府興建可串聯北、南兩大重點經濟區的交通建設時，中越憑恃地利同步受惠，而根據越南交通運輸部所公布的交通路網擴展計畫，從 2021 年至 2030 年的 10 年間，越南將積極投入人力、資金於全國性的鐵路與公路建設，對於中越而言，無疑是推動其發展的強力引擎。

鐵路建設方面，越南政府預計斥資 240 兆越南盾（約合 94 億美元）投入相關工程，包括 2030 年前更新既有的 7 條鐵路（全長 2,440 公里）以及新建 9 條鐵路（含高鐵，全長 2,382 公里）。由於其中確定有 2 條 1,545 公里的路線將縱貫南北、行經中越，可望將南北越的人流與錢潮導入中越一帶（詳見表 1、表 2）。

高速公路方面，根據行政院公共工程委員會於 2023 年 12 月 22 日發布的《目標市場分析資訊蒐集：越南－後疫情時代基礎建設市場展望》報告，為滿足增長的運輸與物流需求，越南政府已於 2023 年上半年完成多項公路工程並開始營運，包括途經北南的梅山至 45 號國道、藩切至油線工業區、永浩至藩切，以及芽莊至林錦等路段。報告亦援引相關資料指出，越南政府計畫於 2050 年前累計建置高速公路網達 41 條，總長約 9,014 公里，其中包括 2 條南北縱軸（分別為 2,063 公里與 1,205 公里）及 10 條位於中部地區的高速公路（全長約 1,431 公里）。除此之外，尚有 172 條國道線路、約 3,034 公里的沿海公路也在興建計畫之內，日益綿密的公路路網，可望帶動中越的繁華。

除了南北陸路，空運新據點亦將落腳中越。隨著峴港、順化、會安等中越主要大城的旅遊業升溫，越南政府已核准一項坐落於廣治省、耗資近 6 兆越南盾（約合 2.4 億美元）

表1	越南 2030 年前預計更新 7 條鐵路	

區域	連結路段	路線長度（公里）
縱貫南北	從河內站到西貢站的河內－胡志明市路線	1,726
河內	從安圓站到老街站的河內－老街路線	296
河內	從嘉林站到海防站的河內－海防路線	102
河內	從東英站到關朝站的河內－太原路線	55
河內	從河內站到東當站的河內－諒山路線	167
白馬	從白馬站到至靈市站的白馬－至靈市路線	38
白馬	從白馬站到呂霞站的白馬－呂霞路線	56

資料來源：行政院公共工程委員會《目標市場分析資訊蒐集：越南－後疫情時代基礎建設市場展望》

表2	越南 2030 年前預計新建 9 條鐵路	

區域	連結路段	路線長度（公里）
縱貫南北	自河內玉輝站到胡志明市守添站的北南高速鐵路線	1,545
北部	自河內安園北站到廣寧省蔡蘭站鐵路線	129
北部	河內東邊環道鐵路線（玉輝－樂島－北豐）	59
北部	河內－海防線，與同路段高速公路平行	102
北部	自翁昂港至越寮邊境穆嘉的鐵路線	103
南部	自邊和市壯奔站至頭頓站的鐵路線	84
南部	自胡志明市安平站至芹苴市蔡讓站的鐵路線	174
南部	自胡志明市迪安站至越柬邊境華路關口鐵路連接點	128
南部	自胡志明市守添站至同奈省隆城國際機場	38

資料來源：行政院公共工程委員會《目標市場分析資訊蒐集：越南－後疫情時代基礎建設市場展望》

的機場新建案（詳見圖 1）。據《越南財經新聞》報導，廣治機場占地 594 公頃，粗估年吞吐量可達 100 萬人次，為中越再添國家門戶，經濟成長更有底氣。

二、以石化業為基底，發展汽車工業

越南的石油化學工業起始於南越，但僅限於小型煉油廠，直至 2009 年，廣義省容橘工業區的平山石化煉油廠開始運作，中越發展石化業的火苗才被點燃。雖稱其為火苗，但平山石化煉油廠的投產，堪稱越南發展石化工業的重大里程碑，因為它為整個越南創造出一條從原油進料到產出最終石化產品的完整價值鏈。2018 年，位於中越北部清化省的宜山石化煉油廠也投入生產，進一步提高越南在油品及石化產品的自主率。

以石化產業為基礎，中越進一步發展汽車製造組裝工業，主要聚落位於慶和省和峴港市。

汽車工業是外資前進越南的指標產業，專業媒體《惠達雜誌》（Fastener World）的報導指出，越南企業缺乏汽車零組件的製造、組裝與生產能力，因此汽車組裝業務多由國際品牌在越南本土執行，零組件製造由外資企業如日本電裝（Denso）、精工（Grand Seiko）進駐生產，至於引擎本體、變速箱、煞車系統等關鍵零組件則仰賴進口，主要進口國為韓國、日本、泰國、中國與德國，且由於現下的越南，汽車零組件國產化的比例仍低，故進口量持續攀升，根據 Global

圖1　越南 2050 年前預計興建 4 座機場

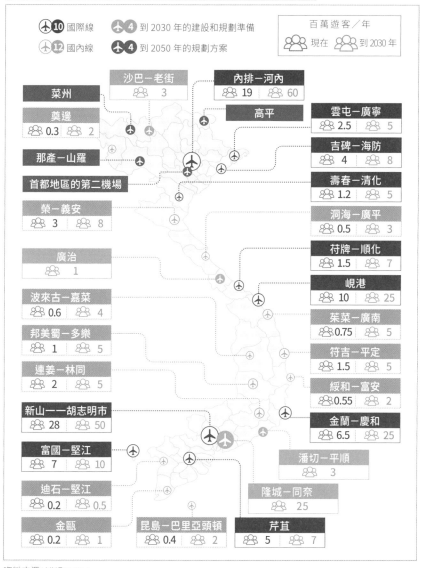

資料來源：VNExpress

Trade Atlas 及工研院產科國際所的預估，2024 年越南的汽車零組件進口額由 2023 年粗估的 24 億美元成長至約 24.7 億美元，增幅近 3%。

近年來越南人民對汽車的購買力明顯上升，內需擴大造

越南第一座煉油石化複合體：平山石化煉油廠

越南為產油國，具備發展石化工業的先天條件。縱觀整個石化業上、中、下游，越南於上游石油天然氣的探索開採經驗老到，於中游的運輸、儲存和分銷也早已建構了完整體系，於下游則發展出經銷鏈，得以將油品直接販售給消費者，但越南尚缺大型煉油廠，在平山石化煉油廠落成之後，成為該國完成石化業上、中、下游產業連結的最後一塊拼圖。

煉油廠的興建與否，關乎越南的國力。倘若越南沒有自主煉油廠、欠缺提煉技術，就必須將開採到的原油賣給煉油廠石化工業發達的國家（如澳洲、新加坡），待其提煉後再買回汽油、柴油等成品，甚至是人造絲、人造橡膠等 2,000 多種產品，這不僅會讓國家的外匯存底減少，更重要的是無法確保能源供給穩定、安全。有鑑於

就外資對汽車工業的投資布局愈益熱絡,雖然放眼全越南,汽車及相關零組件的產製重心始終是北越的河內與南越的胡志明市,但雨露均霑下,中越汽車產業聚落的吸金能力十分樂觀。

此,1975 年南北越統一後,越南政府曾先後打算與法國、蘇聯合作建造煉油廠,然而卻各自因資金困難及蘇聯解體等因素而告吹。直至 1994 年,越南第一座煉油廠最終確定落址於廣義省平山縣平治鄉的容橘工業區。

容橘能雀屏中選,原因在於煉油廠選址要求須有能供 30 萬噸級油輪停泊的深水港口,容橘具有此條件,加上容橘位於越南中部,落腳於此的煉油廠好似心臟,得以將能源送往全國各地流動。1998 年 1 月 8 日,平山石化煉油廠正式動土。

平山石化煉油廠滿足了越南國內近 40% 的油品需求,現下產品結構多元,包括無鉛 92 汽油、無鉛 95 汽油、柴油、煤油、PP 塑膠粒、LPG 液化石油氣、FO 燃油、E5 RON 92 汽油、Jet A1 燃料、Jet A-1K 航空燃油、軍用燃料等。

三、政府拚經濟，優惠百花齊放

越南目前仍是共產國家，越南共產黨為國內唯一的合法政黨。越共可概括分為改革派和保守派，前者著重國內生產毛額（GDP）的快速增長，後者則聚焦於維持總體經濟的穩定。然而，無論是改革派或保守派，皆主張全力拚經濟，冀許越南能成為工業發達的高收入國家。

在全力拚經濟的前提之下，越南早早即針對外國投資祭出多項優惠，例如越南企業的標準所得稅為 20%，但位於社會經濟條件困難地區的投資案，抑或高科技、生物科技、軟體製造、再生能源項目的大型投資案，得以在限定期間內享有低於標準稅率 20% 的優惠稅率。此外，進口機械設備、特殊交通工具或建築材料構成固定資產而符合投資優惠，或進口原物料、零配件用來加工或產製外銷貨物，均得以免徵進口關稅。進口原物料以供產製出口貨物，進口時也免徵增值稅。

近年，為了與周邊的亞洲經濟體競爭，越南政府又在前述優惠基礎上進一步加碼，2020 年 6 月國會通過《2020 年新投資法》。新投資法有三大重點，一是降低外資投入某些保護類產業的門檻，讓外資得以在更開放的市場中大展拳腳；二是針對能促成國內產業升級的研發創新，給予大手筆獎勵，企業所得稅最低可降至 5%，優惠甚至可長達 37 年；三是撤銷了總投資資本額達 5 兆越南盾（約合 2 億美元）以上的投資項目須

經總理核准的規定，以簡化行政程序、加速投資作業。

外企進駐中越，以峴港為聚集地

外商投資中越地區，首選必為峴港市，主要原因有三：首先，峴港市是中越第一大城，擁有完善的基礎設施。電力方面，峴港市的日常生活與工業用電皆由國家電網透過 500KV 南北線保證供電。通訊方面，峴港市是全越南第一個營運全市無線網路系統的都會，超過 430 個網路連接點提供方便穩定的通訊品質。另有海底光纜、SMWE3 國際站，總容量為 100 Gbps，用以與歐亞近 40 個國家高速通訊。

其次，如同韓國釜山、台灣高雄，峴港是「港市合一」的城市代表，傲擁越南第四大港，具備海口轉運優勢。現階段峴港的出口貨物計有海鮮、牛肉、大米、木薯粉、煤炭、木材、廢鋼鐵、銅和大理石，進口貨物主要為化肥、車輛、水泥及石油製品等。峴港市政府正進行港口碼頭擴建，以期擴大航運吞吐量，滿足中越一帶的貨運需求。

第三，越南政府於 2021 年 3 月啟動《至 2030 年、遠期展望至 2045 年峴港市總體規劃調整方案》，明確訂出峴港市的發展目標為旅遊、貿易、金融、物流及高科技工業。峴港市政府呼應該方案，積極對外招商，透過峴港投資促進委員會作為窗口，提供關於實地考察、商業配對、申請證件、建

廠程序、銀行貸款、勞動力招募、申請移民與居留證等要務的支援服務，幫助初來乍到的外國企業熟悉法規與環境。

附帶一提，「峴港理工大學」是越南科技人才的搖籃，可就近提供優質人力資源。

綜上所述，外企若想避開胡志明、河內、海防等具有政治考量的大城，便會考慮轉往投資環境同樣友善的峴港。

中越腦力核心：峴港高科技園區

90 年代越南的主力產業為製鞋與紡織業，爾後進展到電子製造代工，近幾年開始發展半導體產業，如今更一腳跨入人工智慧（AI）領域。由於全球去中國化的浪潮，加上越南當地基層與專業職的薪資成本仍屬低廉，吸引不少科技廠商前進越南，而中越地區的科技聚落之首當屬峴港高科技園區。

峴港高科技園區距峴港市中心約 22 公里、距峴港國際機場約 17 公里，於 2010 年 10 月 28 日經越南官方批准籌建，是繼河內和樂航天中心、胡志明市西貢高科技園區之後，越南的第三座科技園區。園內著重發展機械電子、資通訊、電腦軟體、微電子、光電子、奈米科技、自動化及精密機械等領域，並提供稅務、租金、管理費等多項優惠，向海外廠商招手（詳見表 3）。

峴港高科技園區目前有台灣的上市連接器廠正崴集團、

美國的航空鋁合金零組件廠 Universal Alloy Corporation
（UAC）、來自韓國的波音客機零件製造商 KP Aero、日本汽
車金屬零組件廠 Niwa Foundry 等知名企業進駐。值得注意的
是，由峴港百科大學與日本富士金集團（Fujikin）合作創設
的人工智慧和機器人領域研發中心已於 2022 年 11 月定址於

表 3	峴港高科技園區投資條件與優惠（2022 年 5 月公布）
面積	園區總面積約 1128.4 公頃
位置	位於峴港市區西北側約 22 公里處，距離峴港國際機場約 17 公里、仙沙港 25 公里，位於「峴港—廣治」及「峴港—順化」高速公路上。
法規依據	1. 越南總理於 2020 年 12 月 30 日頒布第 38/2020/QD-TTg 號決定「有關公布優先投資開發之高科技清單與高科技產品名單」。 2. 越南政府 2003 年 8 月 28 日第 99/2003/ND-CP 號議定「有關高科技園區規定」。
投資領域	1. 資通訊科技、電腦軟體 2. 微電子、機械電子、光電子 3. 新能源、奈米科技及新材料 4. 自動化及精密機械 5. 應用於農業、水產業及醫藥之生物科技 6. 環保科技，應用於石化及其他特殊產業之科技
進駐條件	1. 計畫須符合第 99/2003/ND-CP 號議定「有關高科技園區規定」所訂定之獎勵投資辦法。 2. 研發資金（（包含研發專用之基礎設施、研發活動、研發人員培訓等費用）所占比率不得低於逐年營收額之 5%，或於越南進行之研發費用比例不得低於逐年營收額之 1%。 3. 大學程度以上直接參與研發之員工人數至少為總人數的 5%。 4. 生產線須符合先進標準：自動化設備占三分之一，設備機器須擺放於符合衛生標準的工作環境。

進駐條件	5. 產品品質管理系統須符合相關國際標準（例如 ISO 9000/2001、CMM 或 GMP 等），以及企業管理須電腦化。 6. 須遵守環保規定及技術標準，符合 ISO 14000 標準為優先。
稅務優惠	1. 營利事業所得稅（CIT）： 　(1)稅務減免及豁免期間： 　　①惟用稅率 10%，期間 15 年。 　　②適用稅率自公司首年開始有營收後連續計算。 　(2)稅務優惠： 　　① 4 年免稅、9 年減半。 　　②免稅及減免期間自公司首年開始有應稅所得後連續計算。 2. 出口稅、進口稅、加值型營業稅（VAT）、個人所得稅優惠：依越南法律規定辦理。
土地及廠房租金	1. 整個租賃期間豁免之計畫： 　(1)優先投資開發之高科技名單之應用計畫 　(2)優先投資開發之高科技產品名單之生產計畫 　(3)輔助高科技產業之高科技產品生產計畫 　(4)高科技育成及高科技企業育成計畫 　(5)高科技研究及發展計畫 　(6)創投 　(7)水供應廠、水供應及排水系統之投資及開發等 2. 豁免 19 年之投資及商業營運計畫： 　(1)展會、展覽、超市及購物中心 　(2)物流、倉庫 　(3)運動中心 3. 豁免 15 年之計畫： 　(1) DHTP 基礎建設相關之建造及商業營運 　(2) DHTP 居民相關之健康照護、文化活動及服務
管理費	1. 前 2 年豁免：越南總理決定之優先投資開發之高科技名單之應用計畫、優先投資開發之高科技產品名單之生產計畫。 2. 前 2 年豁免、後 3 年減免 50%：高科技研究發展計畫、高科技育成及高科技企業育成計畫或高科技人才資源訓練。 3. 前 2 年減免 50%：越南總理決定之輔助高科技產業之高科技產品優先生產名單第 VI 群組。

資料來源：駐越南台北經濟文化辦事處

此，加上全球半導體龍頭英特爾（Intel）亦計畫於峴港設立研發中心，未來峴港高科技園區有機會成為越南發展人工智慧的重鎮。

受惠宜居環境，房價後勢看漲

峴港市雖是中越最大城，繁華卻不顯擁擠。依據世界人口綜述（World Population Review）的統計資料，2024 年峴港全市人口數為 125.32 萬人，除以面積 1,284.9 平方公里後，每平方公里的人口數僅為 975 人，相較台北市面積僅約 271.7 平方公里，人口數卻有約 251 萬，換算下來每平方公里的人口數高達 9,238 人，峴港市居住空間寬朗，由此可見一斑。

環境品質方面，峴港市濱海，海岸線長約 92 公里，被聯合國教科文組織評鑑為世界六大美麗沙灘之一的美溪沙灘就在附近，享有「東方夏威夷」美譽。另根據自動監測站的偵測資料，峴港的空氣品質指標（AQI）指數為 57 至 64，遠低於標準值 100，故稱峴港為越南最乾淨的城市之一，絕不為過。

峴港市的房地產價格在過去幾年間顯著上升，便是奠基於前述的宜居環境。更重要的是，峴港房產的增值利多舉目可見，包括正如火如荼進行中的基礎設施（新機場、港口擴建及交通網絡的升級），旅遊業興盛所帶動的度假房產與短

租需求,以及政府大力開放外資,來到峴港工作與生活的外籍人士,推升了對於高端住宅的剛需等。

根據越南房地產市場研究機構的數據,峴港市的公寓均價從 2018 年的每平方米約 1,200 美元上升至 2023 年的每平方米約 1,800 美元,高端公寓和海景別墅的價格更是高達每平方米 3,000 美元以上,且漲勢方興未艾。

中越蓄勢上位,瓶頸有待突破

中越地區的未來發展如何?從全球角度來看,美國即將對一系列中國進口商品上調關稅,美中貿易戰升溫的政治情勢有利於全球供應鏈移轉至越南,「世界工廠」的地位益形穩固,中越身為其中要員,自然受惠。

然而,單就中越自身條件而言,其狹長的地形可能會成為吸金的雙面刃:一方面因東側鄰海,足可維持相當能量的漁業與港口運輸業,亦可吸引國內外投資,發展海洋旅遊及生態旅遊等特色產業;另一方面卻也因西邊多為山區,整體可利用的腹地較少,限制當地發展的速度與幅度。總而言之,峴港日後能否發展出與首都河內、第一大城胡志明市一較高下的實力,端視越南政府提攜中越、平衡區域發展的決心。

皇城古都、湖光山色
最美城市宜古宜今

　　越南一直是全球旅人探訪的前幾名國家，尤其深受台灣旅客的青睞，除了距離較歐美更近之外，越南過去深受中華文化的薰陶，飲食習慣與宗教信仰皆近似華人社會，因此台灣人到越南旅遊，所感覺到的文化隔閡更少。以往越南的旅遊重鎮為位於北越的首都河內、以及在南越的胡志明市，現今中越的峴港、順化、會安、歸仁四大城市亦吸引著大量遊客，峴港甚至獲得「東方夏威夷」美譽。

　　在詳細介紹各個景點之前，不妨先瞭解中越地區的氣候、貨幣、交通工具等實用資訊：

● 氣候

　　中越地區屬於熱帶季風氣候，四季略具變化，但不是很

明顯,反而可依降雨多寡分為旱季和雨季。旱季落在 4 月至 8 月,此時期陽光充足、空氣乾燥,平均氣溫約在 30℃上下;9 月至 12 月則為雨季,這幾個月份的降雨量較大,尤其 10 月和 11 月為颱風季,需留意天氣預報。然而,即便是在雨季,氣溫都是偏熱的,平均在 25℃左右,衣物以夏季為主,搭配防雨的薄外套。由此可知,最佳的旅遊時機為 1 月至 4 月,這段期間的氣候相對舒適,降雨機率也不高。

● **貨幣**

越南的官方貨幣是「越南盾」(VND)。至 2024 年 6 月 18 日,1 美元約可兌換 25,454 越南盾、1 台幣約可兌換 786 越南盾。值得注意的是,越南盾匯率波動較大,且近一年越南盾持續貶值,出發前建議先確認最新匯率狀況。

在中越,現金仍然是交易時的主要支付工具,遊客可以在機場、酒店或當地銀行兌換貨幣。峴港、順化和會安的熱門旅遊區亦有許多貨幣兌換點,且多半接受信用卡付款。

● **交通工具**

中越的交通系統相當發達,便於旅客在市內及不同城市間移動。可選用的交通工具計有飛機、火車、巴士、計程車以及台灣人很熟悉的機車。

峴港國際機場擁有國際和國內航班,順化富牌機場則提供國內航班,連接河內和胡志明市。越南鐵路公司營運的火

車連接了北、中、南越主要城市，如河內至峴港、順化至胡
志明市等，火車座位舒適，沿途風景優美，是體驗當地風情
的優選。

多家公司提供長途巴士服務，如 The Sinh Tourist、
Hoang Long，市內巴士系統的站點也很多，搭乘方便。計
程車遍及中越主要城市，建議選擇知名公司如 Mai Linh 或
Vinasun Taxi，網路預約車 Grab 也相當風行，快捷便利。

越南是全世界有名的「機車王國」，機車是越南人日常
代步的主要工具，因此希望行動靈活自由、融入在地生活的
遊客，不妨考慮到租車點租賃機車，或利用 GrabBike 線上預
約機車。

特別提醒，越南政府不承認台灣監理站換發的國際駕照，
因此若打算在越南騎車或開車，必須前往越南的交通公安廳
將台灣駕照換成越南駕照。然而，越南最新的規定是工作簽
證、投資簽證、3 年依親暫住證才能辦理駕照，所以持越南觀
光簽證的外國遊客，恐怕必須放棄在越南租機車趴趴走的念
頭了。

網紅私房景點，體驗在地風情

從順化皇城、會安古鎮、美山聖地，乃至峴港海灘、巴

拿山森境，無論是歷史古蹟或自然美景，都在中越一地到位，滿足遊客的不同喜好。在網路上搜尋中越一帶的觀光勝地，能找到的介紹不可計數，以下精挑 10 個獲得旅遊達人高度推崇的私房景點，有機會前往中越的話，不妨一窺堂奧。

● 順化最美皇陵──啟定皇陵

啟定皇陵坐落於順化市南方山區，是阮朝皇帝弘宗（啟定帝）的皇陵，於 1931 年建成，皇陵融合了中式及法式建築風格，如入口處為雕有龍形圖騰的階梯，拾級而上又可見法

啟定皇陵（來源：Shutterstock）

式大門，陵墓內部雕欄玉砌，處處飾有彩色馬賽克，中法風情水乳交融，甚為獨特，被奉為「順化最美皇陵」。

順化往昔是阮氏王朝的首都，遺留不少阮朝皇帝的陵墓，建築風格各具特色，其中的啟定皇陵融合中國及法國的特色，與其他皇陵很不同，最值得一看。

 從順化火車站乘車約 15 分鐘。

● 珍珠般的仙境──立安潭

立安潭位於順化區富錄縣朗科鎮，鄰近朗科海灘，為鹹淡水交匯的潟湖，水質非常清澈，飼育眾多不同品種的水底生物，也有養殖、販售珍珠。立安潟湖並非知名觀光景點，卻總能讓造訪者眼睛一亮，恬靜的水岸風光，從任何一個角度取景皆像是一幅畫。此地盛產珍珠，物美價廉，店家還可以現場幫遊客打造珍珠飾品，快速交貨。

 從峴港國際機場搭乘計程車約 45 分鐘。

● 風景寫生首選──來遠橋

來遠橋位於會安市內，橫跨秋盆河。西元 1593 年由日本

立安潭（來源：Shutterstock）

來遠橋（來源：Shutterstock）

商會所建，故又稱為「日本橋」。此
橋獨特之處在於「橋寺合一」，在木
造的橋上供奉著玄天上帝，保佑當地
居民出入平安。相傳此橋於猴年
興建、狗年落成，故於橋的兩側一邊
砌石猴，一邊砌石犬。來遠橋為會安

市的地標建物，連接了舊時的唐人街與日本城，橋內外古色
古香，吸引不少遊人、畫家到此寫生，氛圍優雅。

 會安古鎮內不允許機動車輛通行，從會安市場步行約8
分鐘。

● **深入在地生活──會安夜市**

　　融入在地文化、品嚐道地小吃，
夜市肯定是不二選擇。當夜幕垂下、
燈籠漸漸亮起時，來遠橋附近的會安
夜市便會開張，攤位上販賣的東西琳
琅滿目，有小吃、飾品及伴手禮，有
些店家還會擺出樣式各異的燈籠，很
適合當作到此一遊的紀念品。

 會安古鎮內不允許機動車輛通行，從來遠橋步行約3分鐘。

會安夜市（來源：Shutterstock）

● 峴港找吃找穿──康恩市場

康恩市場位於峴港海州郡，對面
為知名超市 Big C。康恩市場分為內場
和外場，是峴港當地規模最大的傳統
市場，以販售生活雜貨、生鮮及零食
為主，商品五花八門，值得花一整個
下午在此尋寶。2 樓為布料攤，可以

讓買家即時訂製越南傳統服飾「奧黛」（Ao Dai），最快第
二天即可取貨。

想要買中越伴手禮，一定要走趟康恩市場，而且由於康

恩市場的主要消費群是當地人，而非遊客，市場內還可買到傳統零嘴，如香蕉米紙、榴槤椰子脆餅等。

 交通方式 從峴港國際機場乘車約 10 分鐘。

● **俯瞰峴港美景——Sky 36 天空酒吧**

Sky 36 天空酒吧

Sky 36 位於峴港 Novotel 酒店的 36 樓，係全越南最高的空中酒吧，由於飯店立足漢江第一排，居高臨下，漢江夜景可一覽無遺。酒吧提供奢華的夜生活體驗，當然也少不了駐場 DJ 炒熱現場氣氛。欲欣賞峴港市及漢江夜景，Sky 36 絕對是首選，當夜幕深垂，河面反映著岸上五光十色的燈光，氣氛將非常浪漫。

 交通方式 從峴港大教堂坐車約 5 分鐘。

● **CNN 心中之最——巴拿山登山纜車**

巴拿山登山纜車

巴拿山的登山纜車全長 5,801 米，海拔落差逾 1,400 米，由水平線坐纜車到巴拿山需時約 20 分鐘，不僅名列全球最長纜車之一，亦被美國 CNN 評為

世界上最令人印象深刻的登山纜車。

　　搭乘纜車登山，沿途可飽覽壯麗山巒和森林豪景，中途還可下車在超人氣打卡點黃金佛手橋拍照。隨著纜車一直上升穿透雲層，不禁讓人有種置身科幻電影的感覺。

 從峴港國際機場乘車約 1 小時 40 分鐘。

巴拿山登山纜車（來源：Shutterstock）

● **宛若置身童話世界──法國村**

巴拿山為法國人殖民越南時的避暑聖地，山頂法國村內的建築皆為當時所留下的遺跡，原汁原味的重現了法國中世紀小鎮風貌。法國村內有不少演員和街頭藝人，讓人沉醉在法式情懷之中。進入法國村，彷彿走入了另一個國度，不必遠赴歐洲，就能在越南感受正宗的法式風情。

交通方式 從峴港市中心有巴士直達巴拿山，車程約 1 小時。

法國村（來源：Shutterstock）

● 大啖海鮮料理──迦南島

橫貫越南國土的秋盆河發源於寮國與越南邊境，河畔景色美不勝收，一側主要城市為會安，商鋪林立相當繁華，另一側則為尚未完全開發的迦南島，島上密布水椰林、檳榔樹，居民多以捕魚與木雕維生，保留著相對原始的生態。

逛完熱鬧的會安市，搭船直抵迦南島，可以體驗截然不同的慢活情調。建議遊客可品嚐當地便宜又新鮮的海鮮料理，並乘坐竹籃船（當地漁民捕魚用的小船）穿梭於椰林水道間，享受大自然的洗禮。

迦南島（來源：Shutterstock）

 由會安碼頭搭船前往對岸的迦南島，船程約 30 分鐘。

● **中越原始天堂── Ky Co 海灘**

　　歸仁並非中越的旅遊勝地，卻因被美麗的海灘所包圍，逐漸為世人所嚮往。Ky Co 海灘獲譽「越南最美海灘」之一，以清澈海水、細膩金沙及悠閒氛圍引人入勝。海灘開放浮潛，可欣賞五彩斑斕的珊瑚礁、熱帶魚群

Ky Co 海灘

等。這裡沒有大量遊客，適合喜歡遠離塵囂的遊客，提供更寧靜恬適的旅遊體驗。

 從歸仁市搭車約 1 個多小時。

網路精選旅遊行程　▶ **中越 5 日遊**

Day1：桃園國際機場➡峴港國際機場➡飯店 check in ➡康恩市場、峴港大教堂➡ Sky 36 天空酒吧

Day2：從飯店搭乘接駁車➡拉古那高爾夫球場

Day3：從飯店出發前往巴拿山➡搭乘登山纜車➡黃金佛手橋➡法國村

Day4：峴港飯店 check out ➡會安飯店 check in ➡迦南島➡來遠橋 ➡會安夜市

Day5：會安飯店 check out ➡ Big C 買伴手禮➡峴港國際機場➡桃園國際機場

旅遊網站權威推薦 ▶ **「董事長級」豪華行程**

中越的旅遊業日益興盛，不少星級飯店品牌落腳峴港、順化、會安等大城市。以下為旅遊網站推薦的五星級飯店與 Villa 型度假村，另提供高爾夫俱樂部相關資訊，讓工作繁忙的遊客，在舒適與奢華之中，好好體驗越南中部的魅力。

● **五星級酒店**

1. 順化阿澤萊拉公寓飯店（Azerai La Residence, Hue）

主樓建於 1930 年，原為接待法國殖民政府、越南政府的國賓館，歷史地位至今仍為順化最豪華的飯店之一，曾登上美國《國家地理雜誌》，是重視住居品質的旅人指名入住的高級飯店。

飯店內外的藝術裝飾充滿濃厚的法式風情，大廳裡亦掛有不少阮朝皇族的肖像畫。飯店位於香江畔，對面即為聯合國教科文組織評選的世界文化遺產順化皇城，景色與地利皆一流。

2. 峴港洲際陽光半島度假飯店（InterContinental Danang Sun Peninsula Resort）

位處峴港東北方的山茶半島，坐擁整片人煙罕至的沙灘，更顯遺世獨立。建築語彙出自美國知名建築師比爾・本斯利（Bill Bensley）之手，每個細節都帶著低調奢華的質感，

「董事長級」豪華行程

也因此被譽為亞洲最美、此生必住的飯店之一。

景觀是此飯店的最大特色,無論是躺在床上抑或是泡在浴缸裡,房內每個角落皆能欣賞海景,且客房幾乎都有一個超寬闊的露台,配置躺椅、沙發或兩人雅座,不必外出便能好好享受眼前的絕妙風景。

3. 順化朝聖村精品度假村落 (Pilgrimage Village Boutique Resort & Spa)

這是一個村落型飯店,位於順化市郊,整座園區共有 72 間客房及近 30 間家庭套房。建築主要為木柱結構,隨時可聞到淡淡的木質清香,以干欄式建築樣貌體現東南亞風情。家族旅遊建議入住飯店的獨立別墅,房型規格高檔,房內裝潢也走古式皇族風,另有專屬泳池,可以進入全然不受外界打擾的度假模式。

● 高爾夫球場

1. 巴拿山高爾夫俱樂部 (Ba Na Hills Golf Club)

球場位於巴拿山山腳下,以當地原始森林為背景,風景優美。

巴拿山高爾夫球場（來源：中國信託投信）

整座球場從第一個發球檯到第 18 洞果嶺都採泛光照明，即使入夜依舊可享受打高爾夫球的樂趣。

2. 蒙哥馬利海灣球場（Montgomerie Links Golf Club）

由英國高爾夫球界傳奇柯林蒙·哥馬利（Colin Montgomerie）創建，為國際五星級錦標賽林克斯風格的球場，以沙質土壤、風吹沙丘、原生植被、戰略性放置的沙坑、寬闊起伏的果嶺及緊密修剪的碎屑區為特色。

3.BRG 峴港高爾夫度假村（BRG Da Nang Golf Resort）

由澳洲職業高爾夫球名將葛瑞格·諾曼（Greg Norman）設計，2010 年開幕後即一躍成名，由亞洲首屈一指的高爾夫生活雜誌《Golf Asia》授予「越南最佳高爾夫球場」殊榮。

4. 拉古那高爾夫球場（Laguna Golf Lăng Cô）

球場擁有 18 洞，球道長度 7,100 碼，標準桿 71 桿。操刀設計者為曾經贏得 6 次大滿貫賽事冠軍的球王尼克·佛度（Nick Faldo），全區沿著海岸線興建，球道順應天然地形暗藏沙坑、水塘、石塊，足可考驗揮桿者的實力。

拉古那高爾夫球場（來源：中國信託投信）

食材豐富又講究調味
古城美食百吃不厭

中越地形狹長，東側臨海，盛產魚、蝦、蟹、貝等各種海鮮，在日常飲食中扮演主要角色，西側內陸則有肥沃農田，故農產品如大米、蔬菜和水果也廣泛應用於各種菜餚之中。多樣化的地理環境，使得中越食材種類繁多，再搭配多樣化的烹飪技術，為中越美食奠定了扎實的基礎。

以辛香料調味，風味饒富變化

中越飲食偏辣，會以酸甜增添口感，另一項鮮明特色，即是善用辛香料進行調味，創造出饒富變化的風味，讓人百吃不膩。有些辛香料甚至具備保健功效，透過藥食同源，強化身體健康。中越飲食中常用的辛香料如下：

● **辣椒**

　　辣椒在中越菜餚中可謂無所不在，當地人喜愛用新鮮、乾燥的辣椒，抑或是辣椒粉調味，以增加辛辣口感與鮮豔色彩。辣椒常見於各種炒菜、湯類和醬料之中，例如道地小吃順化牛肉粉與辣魚湯中便加入了大量辣椒，炸春捲、烤肉也會蘸辣椒醬來開胃。

● **檸檬草**

　　檸檬草是一種帶有清新香味的香草，常用於湯類和海鮮菜餚中，它能消除肉類的腥味，並增強菜餚的香氣，同時具有消炎和促進消化的作用。典型的菜色如檸檬草牛肉和檸檬草雞。

檸檬草（來源：Shutterstock）

● **魚露**

　　魚露的作法很簡單：將魚鹽漬並放入容器裡發酵，魚肉溶解後流出來的汁液便是魚露，具有獨特的鹹鮮味道。中越菜餚的食材向來追求新鮮，若要提升鮮味，魚露是重要幫

魚露（來源：Shutterstock）

手，因此它在中越美食中的使用率相當高，像是越南春捲即會搭配以魚露調製的醬汁一起食用。

● **香茅**

香茅的香氣清新，類似檸檬草，但味道更為濃烈，在中越，香茅常用於烤肉調味，例如香茅燒肉，或與魚一同蒸製，增加清新香氣，如香茅魚。

● **蒜、薑和洋蔥**

蒜、薑和洋蔥具有較刺激的香氣和口味，是中越菜餚的基礎辛香料，常見的應用有蒜香蝦、蒜炒空心菜、薑燒魚、洋蔥炒牛肉等。

值得一提的是，中越的順化市為古代阮氏王朝的皇城所在地，因此順化在地餐廳發展出越南其他地區所沒有的宮廷宴，讓遊客過過當皇族的乾癮。這些宮廷菜餚的製作過程相當複雜，下料、調味、火候都極度講究，而且十分注重營養搭配，擺盤更是經過精心設計，尤其會利用高超的雕工來裝飾食材，譬如將蔬果雕飾成鳳凰、祥龍的樣貌，一上桌就能給予在場饕客一種皇宮貴族獨享的奢華感。

順化宮廷宴（來源：Shutterstock）

網紅名人激推，十大中越美食

　　中越常常令饕客們流連忘返，原因在於其美食品項多不勝數，有很多小吃必須前往當地才能品嚐。這些美食多半集中在順化、會安和峴港一帶，也與此三地的旅遊業較為發達有關。以下列舉 10 道獲得美食家和網路名人一致推薦的中越美食：

1. 順化牛肉粉

　　順化牛肉粉是順化市的代表性美食之一，湯底使用牛骨、牛肉和豬骨熬製，加上檸檬草、辣椒和魚露等調味，湯頭香濃鹹辣，讓人大呼過癮，配料包括牛肉片、豬腳、豆腐和各種蔬菜，量多味美，只要一碗就可以飽餐一頓。

2. 順化水晶餃

　　順化水晶餃為阮氏皇室食物之一，透明的外皮用木薯粉製作，包著蝦肉及豬肉餡，有時也會以蝦乾代替，配上炸乾蔥及魚露同吃，香Q彈牙。

順化水晶餃（來源：Shutterstock）

3. 水蕨糕

　　水蕨糕是順化古都著名的「一口吃」點心，被奉為中越的國民美食，因其形狀類似浮萍，

小小扁扁的,故又名萍餅、浮萍粿。水蕨糕是用米粉和木薯粉混合後放進小碟子裡清蒸而成,質地柔軟,乍看極似台灣小吃碗粿,表面撒上磨碎的蝦鬆、豬肉和洋蔥,並倒幾滴魚露或醋在上面,用勺子挖出來吃。

水蕨糕(來源:Shutterstock)

4. 高樓麵

高樓麵是一款乾拌麵,又名會安乾麵,有美食旅人指稱,到了會安卻沒有品嚐這款麵食,等於是白來了。高樓麵之名,據傳是因為會安舊時易淹水,貿易商人習慣在餐館 2 樓吃麵、順便看管貨物而來。雖名為「麵」,高樓麵卻不是用麵粉做的,而是取自大米粉擀製而成,吃起來有點類似乾

高樓麵(來源:Shutterstock)

式偏硬的米苔目,口感 Q 彈有嚼勁,配料包括叉燒肉、脆皮豬肉、新鮮生菜、豆芽和香菜等,淋上特製醬汁後,味道鮮美獨特。

5. 會安白玫瑰

會安白玫瑰是一種用米粉
製作的精緻點心，外觀柔軟多
摺，狀似花朵，內餡通常是蝦
肉或豬肉，蒸熟後透明如玉，
上面撒上油蔥畫龍點睛，再配

會安白玫瑰（來源：Shutterstock）

上特製的醬汁一起食用，口感輕盈細緻而不失豐富。據傳這
道美食最初是由華僑研發出來，後來被 White Rose 這家餐
廳傳承下來，因而得到「白玫瑰」之名。時至今日，White
Rose 依然是品嚐這道知名小吃的首選之地。

6. 茗葉牛肉捲

茗葉牛肉捲是越南的特
產菜，先選取新鮮牛肉，再利
用特殊的烤製工藝，使得牛肉
外脆內嫩，香氣四溢，這道名
菜通常會配上米紙、生菜和芒
果、楊桃、檸檬等酸味水果一

茗葉牛肉捲（來源：Shutterstock）

併食用；沾醬方面，有不少人推薦鯷魚醬，據說滋味絕妙，
足以讓人胃口全開。

7. 峴港廣麵

峴港廣麵以金黃色的米粉條為基底，搭配豬肉、蝦肉、

雞肉或黑魚肉等不同配料,即可做成不同版本的廣麵。峴港廣麵最令人讚賞的是它的濃縮湯汁,帶有越南獨特的香料風味。

8. 峴港煎餅

造訪峴港必吃美食之一,當屬隨處可見的煎餅。這款煎餅是由米粉、水、薑黃混合製成酥脆的金黃色外皮,內裡包裹豆芽、豬肉、蝦等餡料,配上各種生鮮蔬菜,再沾上香濃的魚露,外酥內嫩,讓人忍不住一口接一口。附帶一提,比起南越地區的煎餅像個大盤子,峴港的煎餅較小,外皮厚薄適中,保持著細膩的平衡。

峴港煎餅 (來源:Shutterstock)

9. 魚米粉湯

魚米粉湯是中越人民常見的早餐選項，一碗米粉湯裡滿滿都是新鮮的魚、青菜、南瓜或番茄，營養均衡，健康開展一天行程。

魚米粉湯（來源：Shutterstock）

10. 鳳婆麵包

鳳婆麵包即為台灣人常聽到的越南法國麵包，在中越，這款麵包是人人心目中最好吃又便宜的平民美食。鳳婆麵包的作法是在酥脆的法國長棍麵包裡夾入豬肉、生菜、火腿等配料，有著恰到好處的濕潤感，讓人食指大動。

鳳婆麵包（來源：Shutterstock）

法越創意料理，獲米其林青睞

以往，全越南僅有北越的河內和南越的胡志明市能獲得國際星級餐廳評鑑《米其林指南》的青睞，但從 2024 年開始，中越第一大城峴港亦獲得認可，被納入米其林美食探索地圖之中，成為指南調查員挖掘越南烹飪界新星的目的地之一。

　　根據《米其林指南》2024 年 6 月公布的報告，位於峴港市臨海區域的高檔餐廳 La Maison 1888 入選為米其林一星（One MICHELIN Star）餐廳。La Maison 1888 身處峴港洲際陽光半島度假酒店內，第一代總監為英國米其林二星主廚 Michel Roux，2016 年起則由享譽全球的法國米其林三星主廚 Pierre Gagnaire 接任。Pierre Gagnaire 是法國 fusion（融合）料理的代表人物，善於靈活運用各國的食材和香料，創造出料理的各種可能，其弟子 Alexandre Colonna 沿襲其風格，擔任 La Maison 1888 主廚，他就地取材，將中越盛產的蔬果及香草，結合空運來越的頂級食材，開發出兼融法越文化的創意料理。

地址：InterContinental Danang Sun Peninsula Resort, Bãi Bắc, Sơn Trà, Đà Nẵng, Vietnam

　　另一家位於峴港市的越式餐廳 Nén Danang 則獲得米其林綠星（MICHELIN Green Star），成為全越南第一家、亦是唯一獲得此殊榮的餐廳。米其林綠星表彰的是可將烹飪、飲食與環保相結合的用餐體驗，2017 年創立的 Nén Danang 認為美食的精髓在於食材的品質與真實性，高達 99% 的食材源自越南本地，以確保每道菜都集結了最新鮮的成分，因此獲

得《米其林指南》的讚賞。

地址：16 đường Mỹ Đa Tây 2, Khuê Mỹ, Ngũ Hành Sơn, Đà Nẵng, Vietnam

★ 邊玩邊投資 高點搶先看 ★

南越的發展歷史悠久，

工業園區數量領先全國，

躍居全球半導體供應鏈的重要節點。

南越曾被法國殖民，

在建築、飲食方面都帶有異國色彩，

既有舊西貢的法式風情，

也具備現代的潮流，

融合東方與西方的文化，

成為國際旅客 IG 打卡新景點。

Chapter3
深耕南越拓展商機

South Vietnam

經濟重鎮和文化中心
新舊融合風情萬種

　　於 1992 年上映的電影《情人》（The Lover），改編自法國作家瑪格麗特‧莒哈絲（Marguerite Duras）的同名小說《情人》，劇情呈現 1929 年的法國殖民地胡志明市，一個法國少女和富有的中國男子之間的愛情故事。

　　如今距離電影上映已逾 30 年，場景周圍環境已有巨大的改變，無論是西貢河邊、市容街景，又或是穿梭於車水馬龍之間的巴士外觀，多數都換上新的風貌；再加上近年來的投資熱潮及政府開始實施都市更新，位於越南南部的胡志明市，除了擁有舊西貢的法式風情，同時也具備現代的潮流，融合東方與西方的文化，成為國際旅人新的 IG 打卡景點。

到底，南越有什麼魅力，可以在 2023 年接待國際旅客 500 萬人次，國內旅客超過 3,500 萬人次，並帶來相當於 2,184 億台幣的旅遊營業收入，同時躋身 2023 年最受歡迎的 100 個旅遊目的地之一？

殖民文化薰陶，充滿法式風情

　　首先，從文化上來看，從 1887 年法屬印度支那殖民政府建立，一直到 1954 年的日內瓦會議為止，在這 100 多年的期間，法國是越南名義上的殖民宗主國。因此，來到南越，特別是胡志明市，還是可以清晰地看見當時法國留下來的文化痕跡，從仿巴黎歌劇院建造的河內大歌劇院、法國麵包及國服「奧黛」（Ao Dai）等。

　　走在南越的幾個大城市，可以直接從建築物外觀看見許多法國殖民時期的精美建築工藝，如精雕的柱體、高大拱門、華麗的陽台等，有些年久失修、殘破不堪的建物，在商家重新裝修、老屋拉皮之後，竟成為帶有法式風情的文青咖啡館。

　　不只在市區可以感受法國殖民的氛圍，就連位於郊區的大叻，也有許多法式風格的建築。位於海拔 1,500 公尺高的大叻，年均溫 23℃，在法國殖民時期是法國人的避暑勝地，建有許多法式別墅與豪宅，春香湖畔花團錦簇，漫步其中有讓人以為置身歐洲之感。

漫步胡志明市，體現殖民文化

對於第一次造訪南越的遊客來說，如果想要體驗南越的
文化歷史，胡志明市絕對是標配。因為它不但是南越最大城
市，也是越南的經濟重鎮、金融和文化中心。胡志明市曾經
是法國殖民時期總督府的所在地，同時也是南北越分裂時的
南越政府首都，其地理位置的重要性不可言喻。

胡志明市的歷史可以追溯到 17 世紀，最初是一個小漁
村，四周多為沼澤之地，因其便利的河口地理位置而發展起
來。到了 19 世紀中葉，法國殖民者開始在越南擴展影響力，

胡志明市街景（來源：Shutterstock）

並於 1862 年占領了胡志明市，自此之後，法國人將胡志明市發展成為一個重要的港口城市，設立了殖民地行政中心。

20 世紀初期，南越經歷了多次政治動盪，第一次世界大戰期間，法國對越南進行殖民統治，胡志明市也因此經濟衰退；到第二次世界大戰後，越南逐漸脫離了法國殖民統治，胡志明市成為南越的首都，並在越南戰爭期間占有重要的軍事和政治樞紐。

直到 1975 年越南戰爭結束後，越南共產黨統一越南，胡志明市成為越南的經濟和文化中心地位確立。從歷史發展可以看出，胡志明市的發展是南越現代化進程中重要的一部分，它不僅見證了整個國家的變遷和發展，也可以看出南越受殖民時期的深遠影響。

無論是林蔭大道、教堂、郵局、市政廳等建築外觀，都比照巴黎來打造，將胡志明市建設成優雅浪漫的時尚之都；在欣賞法式建築的同時，也會看到越式陳舊房屋參雜其中，猶如穿越不同時空，也形成胡志明市特有的東西文化融合的氛圍。

在這裡也可以看到各種宗教信仰的寺廟和教堂，反映了宗教多樣性，包括佛教、天主教和道教等。根據歷史記載，最早在秦朝時，秦國將領趙陀建立南越國並稱帝，實行「和輯百越」政策，開始將中華傳統文化帶進越南，包括儒家文

化、佛教文化、各式各樣的禮儀、習俗觀念、技術與文字等一一傳入越南，因此大部分的越南人民信仰佛教。

後來越南中南部在西元 2 世紀至 12 世紀之間曾受占婆王國的入侵與統治，帶入印度教文化，這也說明為何在胡志明市可以看到印度廟的原因。到了 17 世紀初，第一批歐洲傳教士進入越南，雖然一度遭到打壓，但也因此將歐洲所信奉的天主教傳入，自此萌芽發展，流傳至今。

經濟發展重鎮，地位舉足輕重

多元的文化融合，再加上優越的地理位置，讓南越的經貿發展越來越蓬勃、成長迅速。南越擁有多個重要的港口城市，如胡志明市、富國等，這些港口成為東南亞地區重要的物流中心和國際貿易的樞紐，為國內外貿易提供了便利條件。

位於東南亞重要交通樞紐位置的南越，近年積極參與區域合作和經濟一體化，推動了區域經濟的共同繁榮，特別是工業發展，在貿易協定、勞工成本、以及基礎建設上具有相對優勢的胡志明市及其周邊地區，聚集了輕工業、電子、紡織、食品加工等多個領域的產業，成為越南最大的城市和工業中心，吸引了大量的國內外投資，成為重要的製造業基地和出口中心。

此外，豐富的農業資源，特別是水稻、水果和咖啡等經

濟作物，湄公河三角洲出產的大米和水果在國內外市場上具有很高的競爭力，還有眾多的自然景觀和歷史文化遺跡，吸引大量國內外遊客，旅遊業的發展為當地經濟帶來重要的外匯收入和就業機會。

　　整體來說，南越以其便利的地理位置、豐富的自然資源、活躍的工業發展、蓬勃的旅遊觀光，再加上多元的文化融合、開放的民風，在越南經濟發展中具有舉足輕重與不可取代的地位。

富國（來源：Shutterstock）

工業區數量領先全國
重點產業發展活絡

南越涵蓋東南部和湄公河三角洲兩大地區，東南部包括越南南部低地、湄公河三角洲以北的地方，包含 5 個省分（巴地頭頓省、平陽省、平福省、同奈省、西寧省）和胡志明市直轄市。胡志明市是越南最大的港口城市，以及商業和經濟中心，胡志明市與周邊省分是全國經濟最具活力的地區。

越南最南端的湄公河三角洲地區，由 12 個面積小但人口密集的省分（安江省、薄寮省、檳椥省、金甌省、同塔省、後江省、堅江省、隆安省、朔莊省、前江省、茶榮省、永隆省）組成，芹苴直轄市也位在此區。芹苴是全國第五大城市和湄公河三角洲的重要城市。

石油產量排名，亞太地區第七

越南的大部分原油和天然氣儲量位在近海，主要在南部的九龍盆地和南崑山盆地。2023 年越南石油產量約為每日 18.8 萬桶（詳見圖 1），石油消費量約為每日 60.2 萬桶。過去幾年來，隨著越南邁向工業化、出口市場擴大，加上經濟快速成長，刺激國內石油需求不斷上揚。2022 年越南石油產量在亞太地區排名第七，泰國、澳洲和日本是越南主要的原油出口市場。

至於天然氣（詳見圖 2），根據越南工貿部統計，2021 年越南已確認的天然氣儲量約 156 億立方公尺。越南天然氣資源主要地區包括南崑山、同奈省和巴地頭頓省，另外中部以及北部亦有部分天然氣儲量。

圖1　越南 2019 年至 2023 年每日石油產量

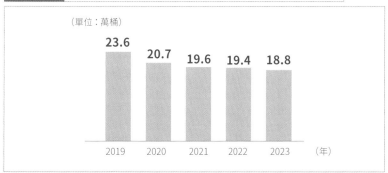

（單位：萬桶）

23.6　20.7　19.6　19.4　18.8

2019　2020　2021　2022　2023　（年）

資料來源：Statista，中國信託投信整理

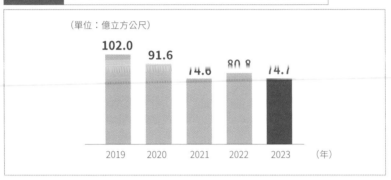

圖2　越南 2019 年至 2023 年天然氣產量

（單位：億立方公尺）

註：2023 年為預測數
資料來源：Statista，中國信託投信整理

圖3　越南 2010 年至 2023 年稻米出口量和出口額

資料來源：越南農業部

主要稻米產地：湄公河三角洲

　　湄公河三角洲是越南最大的平原，也是主要稻米產地。根據越南農業部統計，2023 年越南稻米總產量增加 1.9%，達到 4,350 萬噸，能滿足國內需求及出口。出口量和出口額均創下歷史新高紀錄，達 830 萬噸和 47.8 億美元（詳見圖 3）。

重點經濟區，產業發展火車頭

　　越南在南部經濟重鎮設置兩個重點經濟區，先是在 1998 年成立南部重點經濟區，包括胡志明市、同奈省、平陽省和巴地頭頓省；2003 年增加了西寧、平福和隆安 3 個省分，2009 年又增設前江省。第二個是 2009 年成立的湄公河三角洲重點經濟區，包括芹苴市、安江省、堅江省和金甌省 4 個省市。

　　以胡志明市為中心的南部重點經濟區地位獨特，位於國家、區域及國際重要交通樞紐，擁有眾多便利的河運、公路、海運、空運出入境口。此區對國家經濟貢獻最大，吸引的外資直接投資（FDI）也高於其他經濟區，單單胡志明市便對越南 2022 年國內生產毛額（GDP）貢獻了 15.5%，約占南部重點經濟區地區生產總值（GRDP）的 46%。胡志明市逐漸成為新創公司和科技業聚集的中心，也是食品和飲料產品、藥品以及奢侈品貿易公司的投資首選地。湄公河三角洲重點經濟區的天

然資源豐富,是越南的稻米生產、農業、漁業和海鮮加工中心,對農漁業出口貢獻卓越。此外,該經濟區在向整個湄公河三角洲轉移生物技術、提供種子、技術服務、加工和出口農產品方面也發揮重要作用。

政府制定的南部重點經濟區發展導向,以電氣電子產品製造及組裝為主,還有製造業和加工業、數位經濟、銀行和金融,以及房地產業。湄公河三角洲重點經濟區以現代化、規模化農業生產為主,如有機農業、高效農業、農業價值優化、開發種子技術、農產品、水產品加工、保鮮業。

工業區開發早,進駐空間有限

南越的發展歷史更悠久,電子工業發展也有一定的規模。南部的工業區集中在胡志明市、平陽省、同奈省、隆安省和巴地頭頓省 5 個省市(詳見圖 4)。同奈省的工業園區數量領先全國,自 1960 年代以來,同奈省一直處於越南工業發展的最前線。同奈省正在運作的工業園區共有 31 個,總面積達 190 平方公里,獲得 43 個國家和地區的投資,平均進駐率接近 86%。

根據戴德梁行(Cushman & Wakefield)研究資料顯示,2022 年南越工業用地平均租金為每平方公尺 135 美元,胡志明市的租金達為每平方公尺 198 美元,位居全國之冠,是平陽省和巴地頭頓省的兩倍。南越工業園區開發較早,可進駐

圖4 南越工業區分布

- ● 超過 30 個工業園區
- ● 20 至 29 個工業園區
- ● 10 至 19 個工業園區
- ● 0 至 9 個工業園區

平福

西寧

平陽

同奈

隆安

胡志明市

巴地頭頓

安江

同塔

前江

檳椥

芹苴市

永隆

茶榮

堅江

後江

朔莊

薄寮

金甌

資料來源：Cushman
& Wakefield

圖5 南部主要製造業分布

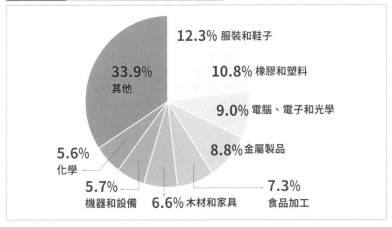

12.3% 服裝和鞋子

10.8% 橡膠和塑料

9.0% 電腦、電子和光學

33.9% 其他

8.8% 金屬製品

5.6% 化學

5.7% 機器和設備

6.6% 木材和家具

7.3% 食品加工

資料來源：戴德梁行（Cushman & Wakefield）

的空間有限，因此租金也高於北越。

胡志明市和周邊省分擁有同步發展的海運、鐵路、公路和航空，是越南最具活力的經濟地區，並且是遊客到越南觀光的首選，南越的工業中心集合像膠塑膠、紡織服裝等大量傳統產業，電子產業也逐漸崛起（詳見圖 5）。

半導體大廠進駐，重要性日益提升

● 電子產業

進駐南越工業區的外國大型製造商包括南韓三星電子（Samsung Electronics）、日廠夏普（Sharp）和富士通（Fujitsu），台廠則有美律、正崴和佳必琪等，主要以胡志明市、平陽省和同奈省為據點（詳見圖 6）。

● 半導體產業

越南在全球半導體產業的重要性日益提升，已躍居全球半導體供應鏈的重要節點，也成為美國晶片巨擘英特爾（Intel）封測和組裝據點。

英特爾位於胡志明市西貢高科技園區的晶片封測廠 2006年開始運作，越南已成為英特爾全球生產網絡不可或缺的一環，占英特爾約一半的封裝測試產能。截至 2022 年底，越南廠已經出貨超過 30 億顆晶片。

越南在半導體領域擁有全球合作機會，但缺乏高技能的

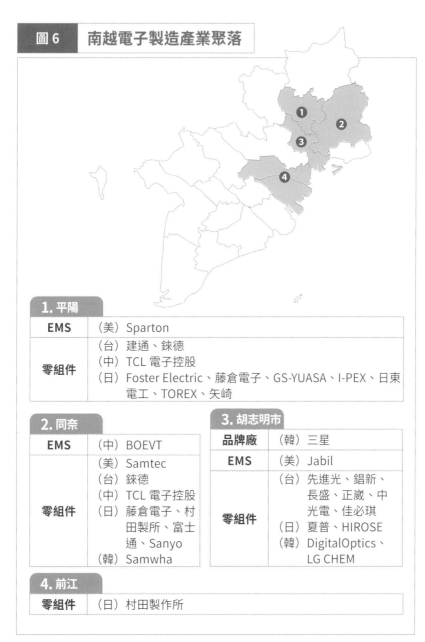

圖6　南越電子製造產業聚落

1. 平陽

EMS	（美）Sparton
零組件	（台）建通、鍊德 （中）TCL 電子控股 （日）Foster Electric、藤倉電子、GS-YUASA、I-PEX、日東電工、TOREX、矢崎

2. 同奈

EMS	（中）BOEVT
零組件	（美）Samtec （台）鍊德 （中）TCL 電子控股 （日）藤倉電子、村田製所、富士通、Sanyo （韓）Samwha

3. 胡志明市

品牌廠	（韓）三星
EMS	（美）Jabil
零組件	（台）先進光、錩新、長盛、正崴、中光電、佳必琪 （日）夏普、HIROSE （韓）DigitalOptics、LG CHEM

4. 前江

零組件	（日）村田製作所

資料來源：工研院產科國際所，中國信託投信整理

圖 7　南越鋼鐵產業聚落

❶冶金機械股份公司
　（鑄鐵，越南鋼鐵子公司）

❷邊和鋼鐵（越南鋼鐵子公司）
　POMINA 鋼鐵 1 廠

❸首德鋼鐵
　（越南鋼鐵子公司）

❹ Nha Be 鋼鐵
　（越南鋼鐵子公司）

❺ Vina One Steel

❻南方鋼板（越南鋼鐵子公司）
　越南東和鋼鐵
　越南浦項鋼鐵
　POMINA 鋼鐵 3 廠
　富美鋼板（越南鋼鐵子公司）
　統一鋼板（越南鋼鐵子公司）
　POMINA 鋼鐵 2 廠
　越南共英鋼鐵（越南鋼鐵、
　共英製鋼、三井、丸紅合資）

❼西都鋼鐵（越南鋼鐵子公司）

資料來源：中國信託投信整理

半導體勞工成為發展的一大阻礙。越南政府的目標是在 2030 年為半導體產業培訓 5 萬名工程師,約為目前的 10 倍。2024 年 3 月胡志明市越南國家大學宣布與新思科技(Synopsys)合作,培養 IC 設計人才。

● 鋼鐵產業

　　南越有多家越南鋼鐵總公司(VNSTEEL)的子公司和合資公司(詳見圖 7),其中 Vina Kyoei 是越南鋼鐵總公司與日商共英(Kyoei)的合資事業,在巴地頭頓省設有大型鋼鐵廠,採用日本先進技術,主要產品包括帶肋鋼、普通圓鋼、軋材和鋼坯,年生產量達 100 萬噸。

　　POMINA 鋼鐵亦在巴地頭頓省設廠,該公司從一家鋼坯和軋鋼廠起家,逐漸發展成為南方建築鋼材供應商的領導品牌,年產鋼材 110 萬噸、鋼坯 150 萬噸。POMINA 鋼鐵注重投資升級生產工藝並取得顯著成就,採用先進的技術,但 POMINA 連續虧損,無法如期繳交財報,已在 2024 年第二季從主板胡志明市交易所下市,主因投資高爐遇上疫情,支出過大,產銷跟不上,目前工廠也停擺。

● 製鞋產業

　　越南製鞋產業主要集中在胡志明市、平陽省和隆安省等地區,主要外銷歐美市場。投資鞋業的外資以台灣及韓國為主,知名的鞋廠包括寶成、清祿等。

供電穩定、產業鏈完整
外資規模獨占鰲頭

早在 1994 年，南越即開放外資直接投資（FDI），台商是進軍南越的先鋒，譬如上市電線電纜大廠大亞即在 1994 年於同奈省設立生產廠房，其他如中興紡織、味丹企業、三陽工業、臺南紡織、統一企業、大同公司、寶元工業亦競相進駐，30 年來台灣企業蜂擁而至，數量多達 2,000 餘家，稱南越為台商的大本營，絕不為過。

南越深受台商青睞，其背景因素是早期台資企業多為勞力密集的傳統產業，越南人力成本比中國低廉，且南越又比北越、中越更早開放外國投資，敞開的門戶、優惠的政策，台商前進南越設廠可謂順勢而為。爾後，隨著工業區內台企林立，形塑出完整供應鏈，磁吸更多來自韓國、日本、歐美

的外企進駐，規模和數量皆呈現出壓倒性的優勢。

　　事實上，相較於北越與中越，南越除了對外開放較早之外，在腹地大小、人力資源、工業規模、港口運輸、交通及電力的基礎建設等多方條件均更勝一籌，足以讓南越及其經濟中心胡志明市穩居外企設廠的首選。

六大投資優勢，磁吸外企進駐

一、多為平原，可開發腹地大

　　整個南越可劃分為兩大地區，一是含括越南南部低地、湄公河三角洲以北的東南部，越南最大城市胡志明市即位於此地，全區面積約 3.87 萬平方公里；另一是以田地肥沃著稱的湄公河三角洲（又稱九龍江平原），此地位於越南最南端，包括圍繞湄公河的 12 個人口密集省分及直轄市芹苴市，面積約 3.98 萬平方公里。這兩個地區合計近 8 萬平方公里，且幾乎全為平原，地勢平緩，不僅易興建道路，亦適合發展職居機能。相較之下，北越與中越雖然占地皆逾 10 萬平方公里（北越約 11.24 萬平方公里、中越約 13.80 萬平方公里），但扣除掉不易開發的山區，可用腹地不及南越。

二、都市人口多，人力資源充沛

　　南越的人力資源十分充沛，且多為受到現代化都會洗禮的高素質人力，此點十分珍貴。因為根據駐胡志明市台北經

濟文化辦事處公布的資料顯示，全越南逾 1 億的人口中，城市人口僅占其中的約 38%，農村人口則高達約 62%，城市人口在越南屬於少數。

據統計，在占比不到四成的城市人口中，有將近一半居住於南越的東南部，單單胡志明市便聚集了超過 1,200 萬人口，占了總城市人口的三成以上（31.4%）。一般而言，都市人口比起農村人口，在教育程度、溝通表達能力及科技應用能力方面，表現普遍較佳，更便於協助企業接軌國際，也因此高素質人力無疑是南越吸引外資前來的軟實力。

三、工業聚落成形，產業多元

南越地區的工業聚落早已成形，平陽、西寧、隆安、前江、平福、同奈等省分的產業含括紡織、製鞋、機械、輪胎、醫療器材及輕加工業，豐富而多元。巴地頭頓省憑恃深水港發展石油天然氣、化工、塑膠、鋼鐵、建材等產業，南韓 POSCO 鋼鐵集團便是於 2009 年建竣位於該省新成縣的鋼鐵廠；至於胡志明市的工業區側重家電、軟體、資通訊、大數據及半導體等先進科技，美國半導體龍頭英特爾（Intel）、韓國科技巨頭三星電子（Samsung Electronics）皆已到此卡位。

四、坐擁深水港，貨暢其流

運輸成本是外國企業設廠的重要考量，南越擁有兩大深

水港,具備海運優勢,有機會發展成東南亞轉運中心,因此在全球供應鏈移轉過程中被高度看好。

這兩大深水港分別是位於胡志明市的卡萊港,以及位於巴地頭頓省的丐梅港。駐胡志明市台北經濟文化辦事處發布的資料指出,卡萊港的貨物吞吐量約 840 萬 TEU(20 英尺標準櫃),係越南第一大貨櫃港,於東南亞地區的排名第五,僅次於新加坡港、馬來西亞巴生港、丹絨帕拉巴斯港與泰國林查班港;丐梅港的貨物吞吐量將近 560 萬 TEU,超越美國薩凡納港及菲律賓馬尼拉港等貨櫃港口,躋身全球前 30 大貨櫃港。

值得期待的是,胡志明市下轄的芹滁縣現下雖是尚待開發的自然保護區,但因具備天然深水港的發展條件,未來可望成為越南政府建設港口的重點區域。

五、8 條捷運路線,緩解市心交通

交通是基礎建設的重中之重,胡志明市正積極發展捷運系統,目前規劃 8 條路線,其中最快落實的是 1 號線與 2 號線。1 號線於 2012 年動工,全線總長 19.7 公里,共設 14 個車站,連接濱城市場與仙泉主題公園,此路線的開通,有助緩解胡志明市的交通壅堵狀況。至於 2 號線,工程分為三階段,第一階段總長 11.3 公里,將設置 10 個車站,預計於 2030 年完工(詳見表 1)。

表1	胡志明市 8 條捷運路線		
路線	階段	連結路段	路線長度（公里）
1 號線	—	濱城 — Suoi Tien	19.7
2 號線	第 1 階段	濱城 — Tham Luong	11.3
	第 2 階段	濱城 — Thu Thiem Tham Luong – 西寧	9.1
	第 3 階段	西寧車站 — 古芝	28
3A 號線	第 1 階段	濱城 — Mien Tay 車站	10.03
	第 2 階段	Mien Tay 車站 — Tan Kien	9.55
3B 號線	—	Cong Hoa Roundabout — 平福	12.2
4 號線	—	青春 — Hiep Phuoc	35.75
4B 號線	—	Gia Dinh Park — Lang Cha Ca	3.2
5 號線	第 1 階段	西貢橋 — Bay Hien Intersection	8.89
	第 2 階段	Bay Hien Intersection — Can Giuoc 新車站	14.5
6 號線	—	Ba Queo — Phu Lam Roundabout	6.8

資料來源：行政院公共工程委員會《目標市場分析資訊蒐集：越南－後疫情時代基礎建設市場展望》

六、發展風電，電力充足無虞

發展電子科技業不容缺電。根據駐胡志明市台北經濟文化辦事處引述資料，越南水力發電資源豐富，全國共有 41 家大型水力發電廠，截至 2023 年底水力發電總裝置容量達 2.3 萬 MW（千瓩），每年總發電量超過 800 億度，且未來發電量將會持續創高。

然而，北越的工業區頻頻陷入電力短缺窘境。據《今日新聞》報導，鴻海、三星、佳能和立訊精密等跨國電子大廠均曾在 2023 年遇到跳電或斷電狀況，為此不得不暫停生產，消息引爆後引發外資不安。世界銀行集團（World Bank Group）表示，北越仰賴水力及燃煤發電，一旦雨水和煤炭短缺，供電便無法滿足需求。反觀南越一帶，供電狀況遠優於北越，穩定度已趨近於台灣電力公司的水準。此外，由於南越外海蘊藏著豐富的天然氣，天然氣發電相關投資正如火如荼展開；沿海的平順省還有風力資源，風電發展潛力大。

　　展望未來，專門報導東南亞綠電發展的媒體平台 RECCESSARY 指出，位於東海南部海域的芹蒢離岸風場若能進行開發，估計總裝置容量可達約 6,000MW，可望滿足胡志明市中心、芹苴高鐵、芹蒢填海市區、芹蒢國際中轉港等重大基礎建設的用電需求，不僅能徹底解決胡志明市能源短缺問題，吸引外資安心投資，胡志明市也將因此躍登越南第一個淨零城市。

各國積極布局，胡志明市外資過半

　　現階段外商在南越的投資源源不斷，單以 2024 年而論，即吸引 3 家國際大廠的目光：

● **全球最大食品集團：雀巢集團（Nestlé）**

越南是全球第二大咖啡生產及出口國，依據瑞士Swissinfo 電子報的報導，自 2011 年起，瑞士的雀巢集團（Nestlé）便在南越同奈省邊和市布建咖啡生產廠房，投入的資金超過 5 億美元，此廠房負責生產雀巢旗下的 Nescafé、Nescafé Dolce Gusto 與 Starbucks 咖啡產品，並出口至全球超過 29 個國家。2024 年年初雀巢集團再度宣布加碼 1 億美元擴大治安咖啡廠的產能，抓住「黑金」商機。

● 銷量第一的珠寶品牌：丹麥潘朵拉集團（PANDORA）

以往僅在泰國設廠的丹麥珠寶製造及零售商潘朵拉集團（Pandora）首度進軍越南，2024 年 5 月於平陽省越南一新加坡工業園區（VSIP）的第 3 號園區展開新廠興建工程。根據丹麥駐河內大使館釋出的消息，該工廠價值 1.5 億美元，並將百分之百採用再生能源發電。

● 世界最大氨綸生產商：曉星天禧（Hyosung TNC）

2024 年 3 月，韓國的曉星天禧（Hyosung TNC）宣布將投資 10 億美元，於巴地頭頓省的富美鎮建造新生物丁二醇（Bio-BDO）工廠，初創時期產能約 5 萬噸，未來將逐步擴增工廠數量，至年產量達 20 萬噸。丁二醇係透過發酵甘蔗中提取的糖來製作氨綸（Spandex，俗稱萊卡）纖維的原材料，可用以替代傳統化石原料，更為環保。廠房建成後，將成為世界上第一個垂直串聯原材料到纖維成品的生物氨綸生產系統。

除了同奈省、平陽省與巴地頭頓省有上述 3 家外企投資，胡志明市的工業園區與加工出口區亦努力向外資招手，目前胡志明市擁有 17 個工業園區及 2 個加工出口區，總面積超過 5,000 公頃，有效投資項目近 1,700 個，註冊資本總額為 124.1 億美元，其中外資企業注資比率達 55%。

根據《2023 至 2030 年開發工業園區及加工出口區及至 2045 年願景》計畫，胡志明市打算逐步淘汰勞力密集與技術落後的工廠，讓加工出口區得以升級為生態工業園區與高科技園區，以便吸引具先進技術的投資項目。

工業用地需求殷，進駐率逾九成

越南近年持續與多國建立經濟夥伴關係，出口主力也由以往的紡織、製鞋等傳統產業，轉型為智慧型手機、電子零組件等消費性電子產品，隨著人工智慧（AI）應用席捲全球，消費性電子產品需求強勁，外國科技企業正加緊腳步前進越南。

外國科技企業在越南的分布狀況，根據全球金融資訊服務商惠譽國際（Fitch Group）旗下 Fitch Solutions 估算，約 65% 集中在北部工業區、30% 落腳南部工業區。雖然北越在吸引外國科技企業方面呈領先狀態，然而南越正急起直追。西貢高科技園區身為領頭羊，著重引進微電子、資通訊、新

能源、生物科技、節能科技及高科技製造服務業，並提供含括稅務與租金的各項優惠（詳見表 2）。

表 2	**西貢高科技園區投資條件與優惠** (2022 年 5 月公布)
面積	園區總面積約 913 公頃
位置	位於胡志明市區東北側約 15 公里處，距離新山一國際機場約 18 公里、吉來港口約 13 公里，並位於國道 1 號高速公路上。
法規依據	1.越南總理於 2020 年 12 月 30 日頒布之第 38/2020/QD-TTg 號決定「有關公布優先投資開發之高科技清單與高科技產品名單」。 2.越南政府 2003 年 8 月 28 日第 99/2003/ND-CP 號議定「有關高科技園區規定」。
投資領域	1.微電子、ICT 及通訊 2.精密機械及自動化 3.應用於醫藥及環境之生物科技 4.新／先進材料、新能源、奈米 註 1：可接受投資形式：高科技製造、高科技服務、研發、訓練、育成、高科技輔助產業。 註 2：具環境友善、節能科技之計畫將優先考量。
進駐條件	1.符合 SHTP 上述 4 個優先投資領域。 2.計畫之科技及產品符合第 38/2020/QD-TTg 號決定「有關公布優先投資開發之高科技清單與高科技產品更新名單」；或是 SHTP 核准之新科技／產品。 3.研發資金：在越南進行之研發費用比率不得低於逐年淨營收額之 1%（適用於中小企業）；0.5%（適用於資本額大於 1,000 億越南盾及 300 名員工以上之企業）。 4.來自高科技產品之營收額不得低於公司淨營收額之 70%。

進駐條件	5.大學程度以上直接參與研發之員工人數至少為總人數的 5%（適用於中小企業）；2.5% 且不得少於 15 名（適用於資本額大於 1,000 億越南盾及 300 名員工以上之企業）。 6.應用知名之產品品質管理系統（例如 ISO 9000/2001、CMM 或 GMP 等）。 7.嚴格遵守越南對於環保之相關法規。
稅務優惠	1.營利事業所得稅（CIT）： ⑴優惠期間 15 年（稅率 10%），包括 4 年免稅、9 年減半、2 年 10%。 ⑵優惠期間 30 年（稅率 10%），適用於採用先進科技之大型投資計畫（由越南政府所高度獎勵者）。 ⑶投資之整體生命週期（稅率 10%），適用於職業訓練、技職訓練及環保服務之企業收入。 2.進口稅（免稅）： ⑴作為固定資產之進口貨物，如機器設備零件器材皆可申請免稅。 ⑵越南國內尚無法生產之特殊用途運輸工具及其設備零件。 ⑶越南國內尚無法生產之原物料、零件、模具及附件等，且用於生產設備及機械。 ⑷越南國內尚無法生產之建材。 3.用於科學研究或科技發展之貨品得以免除進口稅及 VAT。 4.高科技產品得以免除出口稅及 VAT。
土地及廠房租金	1.土地租金： ⑴高科技製造區：生地 0.4-0.7 USD/m2/ 年；回填土地 0.8-1.2 USD/m2/ 年 ⑵高科技輔助區：生地 0.6-0.9 USD/m2/ 年；回填土地 0.8-1.2 USD/m2/ 年 ⑶高科技服務、商業區：生地 1.1-1.6 USD/m2/ 年；回填土地 1.5-2.3 USD/m2/ 年 ⑷研發計畫：免除 2.廠房租金：3.8-5 USD/m2/ 年；Build-to-suit 廠房可協商（最低租賃期限 3 年）。
管理費	目前約為 0.48 USD/m2/ 年

資料來源：駐越南台北經濟文化辦事處

近幾年,南越各省積極招商,推動工業廠房用地的需求大增。根據房地產顧問服務商第一太平戴維斯發布的消息,目前南越主要工業區的進駐率超過九成,工業土地平均單價為每平方公尺 174 美元。加拿大房地產巨頭 Avison Young 越南分公司釋出的《2023 年及第 IV 季越南不動產市場研究報告》中指出,2023 年底,胡志明市工業用地需求暢旺,進駐率達 93%,租金平均約每平方公尺 232 美元。

由於南越工業區近幾年的趨勢是減少勞力密集行業、轉進高附加價值的產業,工業區土地價格可望因此獲得提升,尤其是台商雲集的平陽省、同奈省和胡志明市,行情大好。

住宅市場復甦,《土地法》添利多

至於住宅市場,早期壓抑的需求已率先從北越反彈,而南越房市交易量則自 2023 年中逐漸回溫。依據 DWELL 首望地產釋出的數據,2023 年胡志明市蛋黃區 8 個郡的房地產平均價格介於每平方公尺約 5,000 萬至約 9,000 萬越南盾之間(詳見圖 1)。

著時序進入 2024 年,胡志明市的房地產市場展現出強勁的復甦力道,而政策利多也在此時助一臂之力,修訂版《土地法》原訂於 2025 年 1 月 1 日生效,但越南國會已通過將其生效日提前到 2024 年 8 月 1 日。

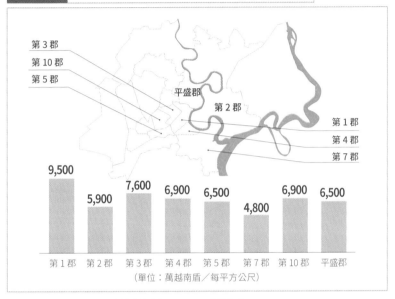

圖1 **2023 年胡志明市房地產平均價格**

第 3 郡
第 10 郡
第 5 郡
平盛郡
第 2 郡
第 1 郡
第 4 郡
第 7 郡

9,500　5,900　7,600　6,900　6,500　4,800　6,900　6,500

第1郡　第2郡　第3郡　第4郡　第5郡　第7郡　第10郡　平盛郡
（單位：萬越南盾／每平方公尺）

資料來源：VN Land Notes 越南投資札記、DWELL 首望地產

　　新《土地法》的實施將可提升房地產價格透明度及建案
審批流程效率，提振市場信心，相關放寬措施亦可提高越僑
返國投資不動產的意願並振作買氣，預期胡志明市乃至整個
南越熱區，房地產價格將持續攀升。

最美海灘、紅教堂與歌劇院
自然人文兼具祕境

　　無論是音樂劇《西貢小姐》（Miss Saigon）裡的越南女子金與美國軍官克里斯的淒美愛情故事，或是小說《情人》（The Lover）作者瑪格麗特・莒哈絲（Marguerite Duras）筆下法國少女和富有中國男子的愛恨糾葛，或多或少讓大家對被喻為「南越心臟」的胡志明市，有著異國浪漫的幻想。

　　實際走訪，從百年地標紅教堂（西貢聖母聖殿主教座堂）、粉紅教堂（耶穌聖心堂）到西貢河畔的咖啡廳、巷弄間的法式餐廳，在胡志明市區內都會看到許多法式建築，要不是路上川流不息的摩托車及叫賣的小販，還真會以為置身於法國巴黎。

　　這就是越南南部的風情，由於曾被法國殖民，因此在建築、飲食方面都帶有異國色彩，與當地嘈雜紛亂的交通相映

成趣，交織成東西融合的特殊文化，更讓這個城市產生獨樹一格的魅力。

旅遊作家大推，必訪特色景點

　　來一趟胡志明市，必定要安排歷史建築巡禮，近觀法式建築。現在定居在胡志明市、寫過《越南旅繪手帖》的作家邱湘涵（Rose）認為，胡志明市是越南殖民歷史的縮影，同時也是越南經濟發展的重鎮，因此在這裡，遊客可以穿梭在巷弄間尋找法式文化，也能夠在傳統市場裡感受越南在地人文。

　　旅遊作家、著有《嗯哼這才是越南》的 DD 提及，越南南部不只胡志明市好逛好玩，近郊的大叻更是避暑勝地；知名的海濱度假勝地美奈則有出名的紅白沙丘，還有「小資版馬爾地夫」之稱的芽莊，都能夠讓遊客在此體驗上山下海的旅遊樂趣。

　　以下是旅遊達人推薦到南越必訪的特色景點：

● 品味法式風情——胡志明市

　　DD 表示，如果有親友從台灣來訪，她會安排一天逛胡志明市區，另外兩、三天到南越郊區享受山水風光，最後一天再回到胡志明市區內的傳統市場買伴手禮。

胡志明市

「其實胡志明市的景點都很集中，認真走的話，大約半天就走完了，如果要邊拍邊逛，則要花上一天的時間。」DD 說。

例如西貢聖母聖殿主教座堂，仿巴黎聖母院鐘樓打造，外觀的紅磚幾乎來自於法國馬賽，又稱「紅教堂」，兩座鐘樓都有將近 60 公尺高，教堂前矗立的聖母瑪利亞雕像有個神奇的故事。據說在 2005 年 10 月 30 日有人發現聖母像流出眼淚，因此吸引上千名民眾圍觀，自此「流淚的聖母瑪麗亞」之說不脛而走，也使得紅教堂與聖母像成為遊客必訪的景點之一。

西貢聖母聖殿主教座堂（來源：Shutterstock）

中央郵局（來源：Shutterstock）

　　逛完紅教堂，可順遊旁邊的百年中央郵局，它是法國殖民時期的第一座郵政局，由法國建築師所設計。Rose 實際體驗後說：「穿過古典的墨綠色雕花大門之後，走進建築物，會看到寬敞華麗的大廳往四周延伸，拱形的天花板、均衡對稱的設計、精緻的花磚和鑲有雕飾的燈柱，充滿濃濃的法式風情。」

　　喜歡看教堂或異國風情建築的人，千萬不要錯過耶穌聖心堂，外牆刷上粉紅色與白色的優雅色調，因此又被稱為「粉紅教堂」，規模僅次於紅教堂。據聞星期天下午 5 點教堂禮拜結束後，教堂還會響起旋律悅耳的鐘聲。

耶穌聖心堂（來源：Shutterstock）

另一個推薦一遊的還有西貢歌劇院，建築整體顏色是溫柔而淡雅的粉色搭配米色，而裝飾在粉色外牆的天使與豎琴浮雕皆是從法國運送而來，值得旅人細細品味。「不過，西貢歌劇院平常不開放遊客直接入內參觀，想一探建築內部的人，建議可以購票觀賞表演，然後提早 1 小時進入，若剛好遇到工作人員定時導覽，就能夠深入了解西貢歌劇院的歷史與文化。」Rose 說。

同時，位於胡志明市最繁華的街道同起街，又被稱為購物大街，長約 1 公里的距離，豪華飯店與精品店林立，並保有許多古典的歐式歷史建築，旅人逛完西貢歌劇院之後，值得再花點時間沿著街道走走逛逛。

另外，別忘了探訪當地的傳統市場，感受當地生活樣貌。胡志明市最有名的濱城市場，是市區內最古老的建築之一，

西貢歌劇院（來源：Shutterstock）

同時也是交通樞紐中心。這裡有 1,600 個攤商聚集，販售包括水果乾、咖啡、堅果、手工藝品等在地伴手禮。「攤商通常都會先開個非常高的價錢讓遊客殺價，採購時記得要討價還價。」Rose 說。

　　另一個當地人也愛逛的安東市場位於 5 郡，近華人區，因此很多攤商都會講中文。安東市場共分為新舊兩棟，舊市場賣的東西和濱城市場類似，但價格會便宜一些；新市場比較像是台灣的五分埔，主要販售批發服飾。

交通方式 從越南新山國際機場搭巴士到胡志明市，約 30 ～ 50 分鐘，建議搭乘計程車，車程約 30~40 分鐘。

● 遊覽河上風光──西貢河

「白天盡情探索胡志明的熱鬧街市，夜幕降臨後不妨搭上遊船，一邊享用晚餐，一邊游覽西貢河的美妙風光。」Rose 推薦，接近日落時分，可以搭乘餐廳式遊船夜遊西貢河，黃昏時登上船，即可享受 Buffet，除了有越式經典美食如生春捲、炸春捲和烤肉串，還有西式的披薩、烤雞、三明治和奶油蛋糕等。

西貢河

遊河的同時，船上還有精彩的表演，由身穿越南國服「奧

西貢河（來源：Shutterstock）

黛」（Ao Dai）的舞者拿著斗笠，隨著舞曲旋律翩翩起舞；
接著還能欣賞特龍琴演奏、樂團現場表演，一場接著一場的
音樂饗宴，讓遊客們不喝酒也心醉。

 上船地點為西貢碼頭。

● 最美海岸線——美奈

距離胡志明市 200 公里的美奈，
車程約需 4 小時，時間不算短，不過
這裡的風景絕對值得。有些人會直接
報名美奈日出團，利用晚上搭車前往
美奈，抵達時剛好欣賞日出，還省去
一晚住宿。如果有時間，建議多停留

一晚，因為這裡有許多美麗的度假飯店，值得在這條海岸線
與沙丘，留下精彩難忘的回憶。

也因為地處較為偏僻的郊區，相較於市區，美奈的觀光
人潮不會讓人覺得擁擠，再加上白沙丘的地形高低起伏，一
邊爬一邊走，緩慢步行於其中，會有種置身沙漠的感覺。一
旁也有攤商販賣簡易的塑膠滑板，若一時興起想要體驗滑沙
的感覺，可以買來感受一下從沙堆滑下去的感覺。

12 月至隔年 5 月為最佳的觀光時間點，白天較熱，建議

美奈沙丘地形（來源：Shutterstock）

清晨或黃昏時來紅白沙丘，不但氣溫較為舒適，還能看見太陽光在海面上的變化。附近還有小景點可以順道一遊，如占婆塔、酒堡或小漁村，可讓遊客消磨時光。

 交通方式 從胡志明市搭臥鋪巴士，車程約 4 ～ 5 小時可到達。

● 異國風度假地──芽莊

越南擁有狹長的海岸線和豐富的海洋資源，以胡志明市為起點出發，由北至南的海邊熱門景點依序為：芽莊、美奈、頭頓和富國島。

芽莊（來源：Shutterstock）

距離胡志明市約 450 公里的芽莊，車程約 6 小時至 7 小時，在越戰時期，這裡是美軍的度假勝地， 1979 年俄羅斯租用此地，直到 2002 年才撤出。因此在這裡，非常有異國風情的氛圍。

長約 7 公里的海岸線，靜靜躺在細白的沙灘上放空，就是最好的享受。從海岸往對岸看，還可以看到模仿好萊塢風格的字體寫著「VINPEARL」珍珠島主題樂園，這裡有主題樂園、水上遊樂設施還有五星級度假飯

店，從芽莊沙灘搭快艇、渡輪就可直達。

「芽莊在地人大推泥漿浴，穿著泳裝泡進泥漿，十分有趣；另外，還可以參加 Local Tour 行程：四島跳島一日遊，想要更多元的體驗，就自費加碼海上滑翔傘、浮潛、衝浪等多種玩法。」DD 說。

如果擔心白天待在海邊太曬，也可以前往市區逛逛。在芽莊有座教堂，採哥德式石頭建築，當年是由一位法國傳教士興建，位於城市中高約 12 公尺高的地方，登上後可以飽覽芽莊的景觀。同時，芽莊也有占婆時期的遺跡叫做占婆塔，建造於 8 世紀，是印度建築，又稱為「小吳哥窟」，是越南重要的考古遺址之一。

 從胡志明市搭乘臥鋪巴士前往，交通時間約 9 小時。

● **越南版馬爾地夫──富國島**

美麗的沙灘、水質純淨的小海灣、翠綠的山巒、沖積平原，富國島擁有得天獨厚的天然美景，再加上豐富的海洋資源，讓 2000 年才開發的富國島搖身一變成為越南超級熱門的觀光景點，也享有「越南馬爾地夫」的美譽。

富國島

對於台灣人來說，富國島免簽證，而且現在有航空公司直接從桃園機場直飛富國島，想要來趟悠閒的海島之旅，富國島當然是首選。

　　「我在 2019 年就到富國島拍影片，你看這個沙子、海水的顏色，還有日落前夕陽灑落在海面上的光芒，是不是很美？」越南知名網紅阮秋姮說，當時的她穿著天藍色的比基尼，踩著沙灘，介紹富國島的美麗，特別是乾淨的淺灘裡可以看到許多海星還有小魚悠游，再加上一整排的椰子樹，十足熱帶南洋風

富國島跨海纜車（來源：Shutterstock）

情。

　　另外，到富國島必遊太陽世界自然公園，擁有全世界最長的跨海纜車，總長 7,899 公尺，沿途可欣賞到純淨沙灘與豐富的海洋生態。這裡還有越南最大的開放式野牛保護動物園，搭乘遊園專車，近距離欣賞來自世界各地的動物，老虎、長頸鹿就在車子外遊蕩，遊客還有機會與動物共進午餐，也可參加餵食秀體驗，非常適合親子共遊。

 台灣直飛富國島，航程 3 ～ 4 小時。

● **越南小瑞士——大叻**

　　位於熱帶氣候區的胡志明市，全年均溫 27℃ 至 28℃，當地人如果想要避暑，一定會前往距離胡志明市約 300 公里、海拔 1,500 公尺的大叻，這裡平均溫度僅有 17℃ 至 18℃，前身是法國殖民時代的避暑勝地，因此

留下許多法式別墅、林蔭大道與帶有歐洲風情的山城小鎮，許多第一次到訪的旅人看見此景都會驚豔，以為來到瑞士。

　　此處還有一大特色建築瘋狂屋，彎曲的枯木、歪斜的屋頂、看似融化的外觀，名列「世界十大怪奇建築」，也入選

大叻（來源：Shutterstock）

為「一生必住 1 次的旅館」。吸睛的建築物，成為熱門的打卡景點，瘋狂屋一晚房價約合新台幣數千元，即可感受住在格林童話故事裡糖果屋的氛圍。

　　大叻有一處風景秀麗的人工湖春香湖，歐風城堡圍繞著湖邊，搭著藍天白雲相襯，不論從哪個角度來看都很漂亮；湖旁邊有一個林園廣場，散步完還可以到咖啡廳坐坐，彷彿置身巴黎浪漫城市。

 從胡志明市搭臥鋪巴士巴士前往，或是從金蘭國際機場預約接送服務。

以上推薦景點如果擔心不知道如何抵達，可以報名當地旅行社的 Local Tour 行程，或是出發前在台灣的旅行社先預訂，到現場就能解決交通接駁的問題。

最佳旅遊季節：12 月至 1 月

南越全年高溫，四季如夏，全年只有乾季和雨季，12 月到 1 月是最乾燥涼爽的季節，也是最適合旅遊的期間。而雨季則落在 5 月到 11 月，其中 6 月至 8 月的降雨量最大，和台灣的夏天一樣，容易有午後雷陣雨，如果在這個季節前往，建議可以在下午安排室內行程，或是到咖啡廳喝下午茶；其他時間則可安排戶外旅遊，才能把握在南越的旅遊時光，充分感受南越的風情萬種。

旅遊作家 DD 建議行程 ▶ **南越 6 日遊**

Day1：胡志明市➡美奈
Day2：看日出、參觀紅沙丘，住宿一晚
Day3：前往白沙丘
Day4：美奈➡胡志明，中途停靠婆薩努塔
Day5：古芝地道 1 日遊
Day6：胡志明市區一日遊（西貢聖母聖殿主教座堂、西貢郵政局、西貢歌劇院、粉紅教堂）

旅遊網站權威推薦 「董事長級」豪華行程

過去幾年，南越出現眾多令人驚豔的飯店，其中不乏具有歷史意義的老牌飯店，以及全新的潮牌酒店，融合越南本土設計與法國殖民時期的元素，提供遊客多元化的享受。此外，不少高爾夫球場就位於豪華度假村內，讓高爾夫球愛好者可以攜家帶眷一起體驗南越風情。

● **五星級酒店**

1.Vinpearl 地標 81（Landmark Vinepearl 81）

越南最高大樓、同時也是東南亞第一高大樓、世界第 14 高建築物，外觀設計以「竹」為概念，從 42 樓到 77 樓為 Vinpearl Hotel，房間景觀視野遼闊，將胡志明市的城市景觀一覽無遺；還有無邊際泳池，在華燈初上時邊游泳邊欣賞霓虹閃爍的美景，是不少網紅與名流的最愛。

2. 阿南美奈酒店（Anam Mui Ne）

距離胡志明市約 2 小時車程，以印度支那風情為主題，房間內則以越南藝術家的獨家作品裝飾。旅客可以在飯店內盡情享受夏威夷傳統的 Lomi-lomi SPA 或峇里島的精油按摩，也可以選擇到美奈的紅白沙灘一遊。

3. 富國島麗晶酒店（Regent Phu Quoc）

由麗晶集團打造，擁有 126 棟別墅 Villa，環繞著蓮花池而

旅遊網站權威推薦 「董事長級」豪華行程

建，讓旅客可以享受靜謐且不受打擾的空間；此外，還可
以到屋頂露天無邊際泳池欣賞夕陽，或是到奢華的海灘俱
樂部品嚐美酒，享受媲美泰國普吉島或蘇美島的極致體驗。

● 高爾夫球場

1.FLC 歸仁球場（FLC Quy Nhon Golf Links）

球場建在四季常青的松林上，一邊揮桿還可以一邊觀賞
歸仁海灘的亮麗海岸線與越南最壯觀的日出觀賞地「Eo-
Gio」，因而有著「亞洲最美麗的高爾夫球場」的美譽。這

山地球場（來源：中國信託投信）

裡有兩個球場：山地球場主要建在以沙土為主的松樹灌木叢山坡上，球道寬闊，可以看見海景；海洋球場則有許多球洞是沿著海岸所建，景色寬闊宜人。

2. 新山一球場（Tan Son Nhat Golf Course）

位於新平區，鄰近新山一機場，距離西貢市中心約 4 公里，交通十分方便。占地 132 公頃，其中 111 公頃為 36 洞錦標賽高爾夫球場、14.7 公頃的湖

新山一球場（來源：中國信託投信）

泊，此外，還有五星級的豪華度假村體驗，滿足高爾夫愛好者與家族同遊的需求。

3. 龍城高爾夫球場（Long Thanh Golf Club）

距離胡志明市約 40 分鐘車程，占地約 206 公頃，由國際知名的 Golf Plan 公司設計，配有 36 洞高爾夫球場，球場呈現波浪式的特製草地，曲折轉接越過蒲葵樹與人造水池、瀑布，具備美景、舒適的優雅環境，2007 年《高爾夫雜誌》票選為「南越最佳高爾夫球場」。

名廚、美食家趨之若鶩
在地小吃驚豔國際

對於吃遍全球美食的已故傳奇名廚安東尼・波登（Anthony Bourdain）來說，最難忘的神級街頭小吃之一，竟是越南河粉；而他曾經到訪的一間餐廳 Lunch Lady 就位在胡志明市。自從波登上門並廣為宣傳後，國際媒體、部落客、美食家等絡繹不絕前往，在傳統市場裡由越南大媽所經營的小吃店瞬間變成觀光客的打卡名店，甚至還有香港主廚特地來拜師學藝。

跟著波登吃還不過癮嗎？沒關係，遊客也可以跟著澳洲越裔名廚阮盧克（Luke Nguyễn）的腳步，品嚐道地的南越小吃。他先到百年傳統場古市場買牛肉、新鮮香料，當街做起越南牛肉鍋，吃法類似台南府城涮牛肉；接著，他又轉往

胡志明市著名的餃子一條街，跟著店家阿姨比賽包水餃，並品嚐爆漿蝦仁餃。

到底，南越的美食有什麼吸引力，可以讓國際名廚念念不忘，讓大批觀光客慕名前往？

法式越式港式，吃遍各國美食

「我的親友如果來越南找我，我一定想辦法帶他們到處吃，用美食讓他們愛上越南。」旅居越南胡志明市的作家邱湘涵（Rose）說，想要認識一個國家，最快的方法就是吃當地的美食。

比如安排一天在胡志明市內吃河粉，接著再品嚐當地小吃；另一天吃法式料理，然後下午茶或消夜再到咖啡廳去喝咖啡，消磨時光。「越南人很愛喝咖啡，一天平均喝上 2 杯到 4 杯咖啡，而且咖啡店林立，從早到晚都營業，而且客人還不少。」Rose 說。咖啡店裝潢各異其趣，法式風情、在地古早味等都有，足以讓遊客充分體驗越南的咖啡文化。

嫁到越南的台灣媳婦 DD 也說，除了河粉、法國麵包、咖啡之外，長期受法國殖民的胡志明市還有不少燈光美、氣氛佳的法式料理餐廳，遊客可以在 Villa 裡享用米其林等級的法式美食。此外，胡志明市的港式飲茶也很有名，不少台灣、香港的朋友來找她，都會指名要吃。

「7 年前到越南定居,剛開始以為自己會不習慣,沒想到很快就適應了,現在連蝦醬都敢吃,有時回到台灣還會想念越南的味道。」DD 說。

河粉配料澎派,饕客慕名前往

入境隨俗的 Rose 從早餐就開始融入越南當地的口味,就像台南人早餐愛喝牛肉湯、吃虱目魚等,越南人的早餐也可以從鹹食開始。「早餐我會去吃一碗加很多料的河粉,」Rose 說,坐在傳統市場裡的紅椅子上,一邊吃著河粉,一邊看著川流不息的人潮,感受越南當地的庶民文化。

相較於北越河粉只放萊姆青檸檬和辣椒、口味較為清淡,南越的河粉則較為澎派,基本配料除了萊姆青檸檬和辣椒,通常還會附上一碟豆芽菜,以及一大缽各式各樣的綠葉青菜,像是薄荷、香菜、九層塔,視覺效果十足,將這些配料加入河粉裡,吃進胃裡更是心滿意足。

來到胡志明市,首推錦麗河粉,曾被《華爾街日報》(The Wall Street Journal)評為「胡志明市最好吃的河粉」,除了在越南當地家喻戶曉,許多國際遊客也會慕名前往。錦麗河粉使用寬扁河粉條,在上桌前會在河粉上鋪上粉紅色的生牛肉,再淋上滾煮的牛骨湯頭,類似台南牛肉湯的吃法,深獲台灣人的喜愛。

Rose 建議，錦麗河粉的本店就位在第五郡的華人區，店面離安東市場很近，推薦大家吃完河粉可以順便到市場採購伴手禮如腰果、杏仁果等。但記得要貨比三家、要求試吃、還要殺價。

藏身巷弄老店，品嚐道地美食

來到南越，除了在地的河粉之外，一定不能錯過越南道地的家常菜。Rose 建議必吃這兩家道地風味餐：

● Secret Garden Restaurant

隱藏在老舊公寓頂樓的露天餐廳，第一次得要有人帶路才比較好找到門路，不然很容易錯過藏在隱密小巷與老舊公寓裡的餐廳大門。

登上公寓頂樓之後，別有洞天，映入眼簾的是五彩繽紛的越式燈籠與古樸的木桌椅，就像店名一樣，是一間隱藏在都市叢林裡的祕密花園。「越南家常菜常使用魚露、醬油、米飯、新鮮香草、水果和生鮮蔬菜，和台灣的口味接近，酸甜滋味讓人胃口大開。」Rose 說。她建議點炸春捲、香茅烤豬肉、蓮藕肉餅、牛肉炒龍豆和大蒜炒飯，再搭配南越最有名的啤酒 Saigon Special，以及同一家公司釀造的 333 啤酒，和香料味十足的越南菜可以說是絕配。

地址：158 Pasteur Ben Nghe, District 1, 胡志明市 越南

● 胖媽廚房

位於濱城市場附近不顯眼的小巷，但漆成鮮黃色的店家外觀很好認，常常高朋滿座，建議可以在店家的臉書私訊小編訂位，並註明想坐2樓沙發區的座位，較為寬敞舒適。

這裡最受歡迎的招牌料理之一是椰子炒飯，炒飯裝在椰子殼裡，佐以紅蘿蔔、木耳、青蔥等顏色鮮豔的配料，視覺味覺都很震撼。另一道必嚐的是越式煎餅，作法是在餅皮中拌入香濃的椰漿和薑黃粉，並夾入大量的豆芽菜、豬肉、鮮蝦、生菜等餡料，要吃的時候再沾魚露，帶有多層次的豐富口感。其他像是大蒜炒空心菜、串烤牛肉米線、芝麻炸雞蛋豆腐和竹筒盛盤的炸豬柳條，或是拼盤系列，都很適合一群人分食享用。

地址：136/9 Le Thanh Ton, Ben Thanh Ward, District 1

舌尖上的奢華，高 CP 值法式料理

曾經被法國統治過，美食、建築等都深受法國文化所影響的越南，法式料理也一樣精彩。DD 特別推薦兩間法式餐廳：

● La Villa

這是一間低調隱藏在住宅區中、由法式別墅改建的法式

料理餐廳，有戶外座位區，還有造景游泳池，但白天很熱，建議坐在室內靠窗座位，邊吃美食、邊看風景，晚上則可選擇戶外區，別有一番滋味。

由法國主廚親自料理，從麵包、小點、開胃菜、主菜到甜點，每一口都能吃到法式料理的奢華感，但價格卻沒有跟著高貴。「在這裡吃法式料理，特別是午餐，換算下來一人只要一千多元台幣（不含酒水）起跳，CP值非常高。」DD說。

地址：14 Ngo Quang Huy Thao Dien Ward, District 2, 胡志明市 , 越南

● 3G Trois Gourmands

位於深巷內，由私家庭園改造而成的法式餐廳，就像是來到法國人的家中作客。有套餐可選擇，內容包括松露滑蛋、鵝肝春捲、勃根地蝸牛佐大蒜與巴西利奶油等多道經典法式料理，「最後一定還要點澎派美味的豪華起司盤，用多種起司來當作結尾，超級滿足。」DD說。

酒足飯飽之餘，別忘了來杯越南咖啡，無論是震撼味蕾的蛋咖啡，還是椰奶咖啡，或是香醇的慢滴咖啡，遊客都能夠藉由一杯咖啡，感受越南人的在地生活。

地址：39 Tran Ngoc Dien Street, Thao Dien Ward, District 2, HCM City, Viet Nam

網紅帶路「食遊」越南
台灣道地越南餐廳

　　有人把越南食物比喻成「越南旗袍」，外表看似樸素，吃進嘴裡卻能帶來清新雅致的香氣，其調味油鹹辣適中，且盡可能使用原始食材、相當注重健康養生，吃起來清爽不膩，夏天吃了開胃，冬天喝湯暖胃，也難怪許多人到越南旅遊的主要目的，便是品嚐越南美食；回到台灣，又因為思念越南菜，而在台灣尋找道地的越南餐廳。

　　好在，隨著越來越多越南人口移入台灣，無論是為了就業還是留學，或是結婚，留在台灣長時間生活的越南人數逐年成長。人來了，家鄉味可不能少，從北到南，大都市到小鄉鎮，都可以看到越南菜的招牌。

從清爽的春捲到香濃的牛肉河粉，或是外酥內軟的麵包，有著滿滿的火腿、肉丸、黃瓜以及醃紅白蘿蔔和香菜，再喝一杯越南的冰滴咖啡。吃進嘴裡的每一口都可以感受到濃厚的越南文化和歷史，瞬間把人帶回有著法式風情的越南街邊。想要「食遊」越南，就跟著美食饕客走一回吧！

● 台大越式老店——翠薪

「從小吃到大的翠薪，明年要滿 50 年了，味道都沒什麼變化，嘴饞想吃越式就會想來！」、「我心目中數一數二好吃的越南料理餐廳。」

位於台灣大學正門口不遠處，搭捷運步行即可抵達。餐點非常多樣，從主食到小吃類，單點或多人分食皆可。必點越南河粉，湯頭清香不油，還有好吃的牛肉丸，可配生菜及豆芽菜，健康美味。咖哩雞麵包也不錯，麵包外酥內軟，沾著濃郁的咖哩醬汁來吃，再咬上嫩而不柴的雞肉，實屬絕配。

地址：台北市中正區羅斯福路四段 24 巷 11 號

電話：（02）2368 0254

● 隱身巷弄人氣料理——銘記越南美食

「連越南大使都推崇的店，非常受歡迎，來吃記得一定

要訂位！」、「如果想在北部嚐嚐道地的越南美食，這裡絕對是最好的選擇。」

占地寬廣的庭園式餐廳，有免費停車場，適合家庭或多人聚餐，且餐廳裝潢處處可見越南傳統元素，充分享受越式氛圍。而上百種菜色從開胃菜、涼拌菜、飯麵主食、鍋物、湯品、甜點，以及素食專區都有，除了必點基本菜色：河粉、生春捲、咖哩雞法國麵包、蝦醬空心菜之外，高樓湯麵、啥米豆腐、越南煎班燒、檸檬蝦湯更是一絕。

地址：新北市汐止區康寧街 536-1 號

電話：（02）2692 7015

● **親民價位的越南菜──越有味**

「吃遍台北大小越南餐廳，這家海鮮河粉湯頭非常特別，老闆給料不小氣，價格很合理。」、「東西好吃環境乾淨整潔，推薦綜合春捲、蝦餅。」

位於捷運龍山寺站地下街，交通方便人氣不墜，更是越南網紅豎起大拇指推薦、相當道地的越南餐廳。河粉、米線、春捲、麵包、越菜、湯品、甜點、飲料一應俱全，饕客推薦必點海鮮炒米粉，河粉上鋪滿著鮮蝦、花枝與蛤蜊，再加上特調的微辣醬汁，令人再三回味。吃飽後別忘了喝杯冰滴越南咖啡，帶來香醇的餘韻。

地址：台北市和平西路三段 120 號 B1（龍山商場內）

電話：（02）2308 0360

● 平價親民道地料理──紅錦越式料理

「餐點很有越南特色又好吃，品項選擇也多，分量也很夠。」、「CP 值很高的越式料理，口感道地好吃，每一道餐點分量充足。」

位於捷運芝山站旁，交通便利，漆成鮮黃色的牆壁上繪有越南風情，讓人一踏進餐廳就彷彿身在越南。打開菜單，有將近百道越南菜餚可以選，無論是湯頭鮮甜的清燉牛肉河粉，還是超級厚實的月亮蝦餅，就連甜點芋頭西米露都看得到芋頭塊，感受到老闆誠意十足，難怪深受在地人，還有越南網紅的喜愛。

地址：台北市士林區福華路 132 號

電話：（02）8866 2139

● 隱身老宅的越式餐廳──小夏天

「食材很好，東西精緻美味。」、「主菜給的牛肉分量非常多，整份吃下來非常的有滿足感。」

由喜愛越南料理的台灣人所開設的越南餐廳，位於台中

的寧靜巷弄內，裝潢走老宅風格，有磨石子地板、扶手欄杆、老櫥櫃，配上純正的越式料理，別有一番滋味。從飯類、小點到法國麵包通通有，可單點也有套餐。推薦必點：木耳豬肉丸子雞湯河粉、蟹味蒸肉湯米線、越式法國麵包搭配生林魚露里肌豬排；蔬食者則可點越式法國麵包搭配香茅豆腐或蔬食湯河粉。

地址：台中市中區自由路二段 28-2 號

電話：04 2221 1282

● 人氣排隊美食──越南法國麵包工藝

「法國麵包酥脆，即使放冷也很有滋味。」、「南來北往吃遍各地越南麵包，這間可說是個人的最愛，食材新鮮，多種口味，人氣爆棚。」

位於台中第二市場外圍，尖峰時間必見長長的排隊人龍，麵包體屬於酥脆的口感，邊吃會邊掉麵包屑卻不會太乾，還吃得到麥香；同時內餡搭配的蔬菜清爽、特調醬汁令人吮指開胃。饕客推薦牛肉捲、脆皮烤豬夾心麵包、蒜香麵包、招牌綜合夾心麵包及法國奶油烤脆片。

地址：台中市中區台灣大道一段 338 號

電話：（04）2221 1389

● **全台首家米其林推薦**—— Hello Vietnam

「很道地，跟之前去河內吃的一模一樣。」、「炸春捲真的超好吃，皮薄料多內餡又香。」

位於台中火車站前的人氣美食，曾得到米其林必比登推薦，來自越南的老闆娘斐子晴的手藝不只吸引台灣人特地前來朝聖，更吸引許多越南人來品嚐美食、一解思鄉情懷。有感於台灣的越南餐廳多數為南越口味，斐子晴則希望能夠帶給台灣人偏北越的口感，其中獲得必比登特別推薦的「米線拼盤」為招牌菜，先把米線壓成塊狀再沾醬料吃，另外搭配北越炸春捲、炸豆腐、豬血腸、豬腿肉片，建議夾著九層塔、薄荷、小黃瓜等蔬菜入口，再佐以滋味濃厚的越式蝦醬或清爽的魚露，滋味更顯得有層次且豐富。

地址：台中市中區成功路 92 號

電話：（04）2221 1595

國家圖書館出版品預行編目資料

投資路上的沿途風光：越南 / 中國信託投信團隊著.
-- 一版 . -- 臺北市：Smart 智富文化，城邦文化
事業股份有限公司, 2024.09
　　面；　　公分
　ISBN 978-626-7560-00-6（平裝）

1.CST: 投資環境 2.CST: 經濟地理 3.CST: 越南

552.383　　　　　　　　　　　113012575

投資路上的沿途風光——越南

作者	張浴澤、陳正華、楊定國、葉松炫、 林明輝、阮氏芳、張晨瑋
台北總公司	115 台北市南港區經貿二路 188 號 12 樓
服務專線	（02）2652-6688
企畫製作	Smart 智富
社長	林正峰
專案經理	邱游清
企畫	李芷薫
特約主編	張小燕
美術設計	陳梅慧
出版	Smart 智富
地址	115 台北市南港區昆陽街 16 號 6 樓
網站	smart.businessweekly.com.tw
客服專線	（02）2510-8888
客服傳真	（02）2503-6989
發行	英屬蓋曼群島商家庭傳媒股份有限公司城邦分公司
製版印刷	科樂印刷事業股份有限公司
初版一刷	2024 年 9 月
ISBN	978-626-7560-00-6

【金管會核准中國信託投信兼營投顧業務之核准日期及文號：
中華民國 106 年 4 月 11 日：金管證投字第 1060004317 號】